Mathieu Delattre

LE FOOTBALL au FÉMININ

Présenté par Brigitte Henriques, *vice-présidente déléguée de la FFF*

Nathan

sommaire

« Les filles, tout est possible ! »
par Brigitte Henriques,
vice-présidente déléguée de la FFF

Le foot au féminin, c'est quoi ?

Avec les Bleues

Les grands noms

Les jours de gloire

Les filles, tout est possible !

par Brigitte Henriques

Ancienne joueuse internationale, je suis aujourd'hui vice-présidente déléguée de la Fédération Française de Football (la FFF). Développer le football au féminin est ma priorité, ma mission. Je voudrais m'adresser à toutes les filles qui ont envie de jouer ou qui jouent déjà. Croyez en vous, et maintenant dites-vous bien que tout est possible ! Mon propre parcours le montre, il faut toujours oser croire à ses rêves !

– Vous avez eu un déclic foot ? « Je suis issue d'une famille où l'on mangeait, on buvait, on respirait foot. J'ai cinq frères plus âgés que moi et je passais mon temps à aller les voir jouer. À la maison, c'était toujours du jeu, des concours de jonglages tous les six. J'ai attrapé le virus très tôt. À 5 ans, je ne voulais qu'une chose : jouer. À l'école, je passais mon temps à jouer avec les garçons. Karl, le plus jeune de mes frères, m'intégrait dans ses parties de foot à la récré. Comme j'arrivais à jouer, à faire des passes et à contrôler le ballon, j'étais acceptée. Karl m'a permis de jouer partout.

J'étais la seule fille à jouer et je jouais tout le temps, en dehors et pendant le temps scolaire. Je rentrais en classe en sueur, les autres me regardaient bizarrement, mais ça m'était égal. Parce qu'à la base pour moi, le foot, c'est un jeu d'enfant. Je passais aussi mes samedis après-midi entiers à regarder les matches, les tournois et, avec mon regard d'enfant, c'était tous les samedis des finales de Coupe du monde.

Mais à six ans, quand mes parents ont voulu m'inscrire dans un club, on nous a dit : "Non, on ne prend pas les filles." J'aimais foncièrement le sport, alors je me suis inscrite à la gym, mais toujours avec le foot dans la peau !

C'est en 1980, j'habite alors à Poissy, que j'ai la chance de croiser une dirigeante du club de la JSF Poissy. Elle me voit jouer dans la résidence et me demande de venir faire un essai. Je découvre une vraie école de foot pour les filles. J'ai 12 ans et c'est le deuxième déclic : "Je peux jouer au foot !".

J'intègre ensuite la sélection départementale des Yvelines et nous nous retrouvons au Parc des Princes en lever de rideau de PSG-Bastia. Un truc de dingue ! J'ai ramené de l'herbe à la maison...

Puis vient aussi très vite mon premier match en D1 (à 16 ans, dont un contre Reims cette première année-là dont je me souviens très bien) et ma première sélection en Équipe de France, en 1988. Avec la JSF Poissy nous terminons vice-championnes de France en 1990 ! »

SÉQUENCE **ÉMOTION**

Un souvenir inoubliable ?
Lorsque la ville de Poissy – c'était chez moi, mon club ! – a accueilli en 1980 un match de l'Équipe de France féminine, France-Norvège. Je vois ces joueuses, ce maillot, j'entends *la Marseillaise* qui résonne et je me suis dit : « Je veux vivre ça. »

LA **CLASSE !**

Quand on rencontre les États-Unis en 1988 en Italie, l'équipe américaine était composée de toutes les futures stars mondiales.
Leur pays était le paradis du foot féminin : on s'est dit que c'était possible, que ça existait ! Pourquoi pas chez nous ?

– Vous quittez Poissy pour Juvisy ? « Je rejoins plus tard le FCF Juvisy, le club phare de l'époque ; nous sommes trois fois championnes de France. On gagne tous nos matches. Nous poursuivons dans le même temps nos études en STAPS puisque, footballeuses professionnelles, ça n'existe pas. Du coup, nous sommes championnes de France et aussi cinq fois championnes de France avec mon équipe universitaire Paris V.

J'obtiens mon CAPEPS en 1993. Je gère mon métier de professeur d'EPS avec les entraînements, les déplacements. Le lundi, je suis souvent fatiguée avec mes élèves…

Dans le même temps, avec l'Équipe de France, on se qualifie pour la première fois pour une phase finale de Championnat d'Europe (1997) mais, malheureusement, je me blesse juste avant cet Euro et je n'y participe pas. J'avais 26 ans. Le désir de créer une famille et d'avoir des enfants devient alors plus grand. »

ZOOM sur **BRIGITTE HENRIQUES**

1980 intègre la JSF Poissy

1988 1ère sélection en Équipe de France

1992 commence à jouer au FCF Juvisy et à entraîner les U16F

– Puis c'est Soyaux ? « En 1997, je signe à l'ASJ Soyaux, un club qui ressemble beaucoup à Poissy. Mais comme j'habitais à Sèvres, je m'entraînais avec des garçons toute la semaine. Oh, c'était dur, je finissais souvent l'entraînement avec des crampes. Et je jouais à Soyaux dès le vendredi.

Je passe en même temps l'agrégation d'EPS, qui m'occupe beaucoup, où je rencontre mon futur mari qui, lui, était passionné de danse. Il m'a fait aimer la danse, je lui ai fait aimer le foot. Dans le même temps, je passe mes diplômes d'entraîneur jusqu'au DEF (Diplôme d'Entraîneur de Football). À la base, il y a toujours ma passion, le jeu. Mais de 1999 à 2003, je me consacre à ma vie de famille. Ma première fille, Barbara, naît en 2001. »

AH BON ?

« À Soyaux, j'étais hébergée chez la maman de Corinne Diacre. Deux super saisons ! »

1993

obtient son CAPEPS d'Éducation Physique et Sportive

1997

signe au club de l'ASJ Soyaux

QUEL **TALENT !**

Brigitte Henriques a passé son Diplôme d'Entraîneur du Football en même temps que Didier Deschamps, l'actuel sélectionneur de l'Équipe de France A masculine !

– Comment devenez-vous la numéro 1 du foot féminin en France ? « Une fois adjointe du Pôle France de Clairefontaine, j'ai passé mon DEF en compagnie de Didier Deschamps. Il y avait 80 candidats, 4 filles... Didier a fini major de promotion, j'ai terminé 6ᵉ et j'en suis très contente.

Après la naissance en 2004 de Fanny, ma seconde fille, je fais une coupure totale avant d'aller frapper à la porte du District du Val-d'Oise. J'intègre la commission technique et je prends en charge les sélections U13F et U16F et nous initions avec le district la mise en place du plan de développement Cap 120, qui avait pour but d'augmenter le nombre d'équipes féminines. En 2000, j'intègre la Commission féminine de la Ligue de Paris-IDF et la Commission fédérale du football en milieu scolaire. Et là, le PSG me sollicite. Je deviens manager général de la section féminine du PSG qui voulait monter sa section féminine professionnelle. Six internationales nous rejoignent, on gagne la Coupe de France. Nous avons instauré une dynamique inouïe mais les priorités du club ont changé en cours de route et j'ai préféré démissionner.

2000

intègre la Commission féminine de la Ligue de Paris-Île-de-France et la Commission fédérale de football en milieu scolaire

2010

devient manager générale de la section féminine du PSG

En mars 2011, Noël Le Graët me demande de devenir responsable du Football féminin en France. Juste après l'élection pour la FFF, nous rejoignons Bruno Bini avec l'Équipe de France qui dispute la Coupe du monde en Allemagne. On en a pris plein les yeux, des stades combles, une ambiance de folie. On s'est dit qu'il fallait que ce soit pareil chez nous. On rentre et Noël annonce que "l'Équipe de France féminine aura les mêmes moyens que les garçons". Depuis 2011, la FFF se met en ordre de bataille pour donner un coup d'accélérateur à la pratique du football féminin. Et depuis 2011, on a une Équipe de France reconnue, qui bat des records d'audience, l'Olympique Lyonnais, qui gagne la Ligue des champions. Maintenant, c'est à vous d'écrire la suite, rejoignez-nous ! »

2011 élue secrétaire générale de la FFF

2017 devient vice-présidente déléguée de la FFF

Le foot ouvre ses portes aux filles dès le plus jeune âge, à 6 ans.

Une vraie révolution

Elles aiment le foot, elles jouent au foot. Elles enfilent leur short, lacent leurs crampons. C'est une tendance lourde, une croissance XXL, plus qu'un phénomène. Elles courent aujourd'hui au stade pour leur séance d'entraînement comme elles vont au club équestre ou au conservatoire de musique. Une avancée flagrante, voire impressionnante tant les chiffres parlent d'eux-mêmes (*voir le zoom*), qui résulte aussi d'une vraie volonté de la Fédération Française de Football.

Le « plan de féminisation du football » lancé par le président de la FFF, Noël Le Graët en 2011, a ouvert en grand les portes et les esprits vers plus de mixité. Il engage aujourd'hui le paysage du football français dans une profonde transformation, tant dans la mise en place des infrastructures d'accueil (nouveaux vestiaires, créneaux d'occupation des terrains…) que des encadrants (dirigeants, éducateurs, bénévoles…). Le chantier est immense, le défi passionnant, comme en témoigne l'engouement autour de l'organisation de la Coupe du monde 2019 et de l'Équipe de France dirigée par Corinne Diacre, qui attire de plus en plus les foules à chacun de ses matches.

HALLUCINANT !

Plus de 2 632 clubs ont au moins une équipe féminine en France, alors qu'ils n'étaient que 1 546 il y a moins de dix ans. Et le phénomène ne fait que s'amplifier.

TROP FORT !

Un récent rapport de l'UEFA montre que dans 34 pays européens, le foot féminin fait partie du programme scolaire. Et dans 20 d'entre eux, le football est maintenant le sport d'équipe féminin numéro un !

ZOOM

UNE RÉVOLUTION EN CHIFFRES

179 053 licenciées (86 787 en 2012)

156 joueuses sous contrat fédéral (43 en 2012)

987 femmes arbitres (674 en 2012)

200 000 licenciées au football, une barre symbolique qui doit être franchie très vite.

RESPECT !

La France fait partie des 6 nations européennes qui comptent plus de 100 000 licenciées avec l'Angleterre, l'Allemagne, les Pays-Bas, la Norvège et la Suède.

LA CLASSE !

Elles étaient 109 en 2012, elles sont près de 800 aujourd'hui. Elles, ce sont les écoles féminines de football « labellisées », c'est-à-dire qui disposent des infrastructures et encadrants entièrement dédiés à l'initiation et au perfectionnement des plus jeunes footballeuses.

1 500 éducatrices et près de 3 000 formées (831 en 2012)

35 517 dirigeantes aujourd'hui (26 717 en 2012)

BIEN DIT !

« Le foot féminin est en train d'exploser. L'Équipe de France féminine est très regardée, j'encourage vivement les gens à aller voir jouer les filles au stade. C'est très technique, il n'y a pas de contestation [...] ni de vilain geste. »
Noël Le Graët

Les premières footballeuses en France ont chaussé les crampons en 1919.

Un peu d'histoire

Il faut remonter à la Première Guerre mondiale pour trouver trace des premières femmes footballeuses, très exactement le 30 septembre 1917 à Paris : les Fémina Paris tâtent pour la première fois le ballon de cuir, le béret basque vissé sur la tête. Un championnat de France de football féminin est brièvement créé en 1919 avant de disparaître dans les années 1930, mais une première sélection des meilleures joueuses tricolores, enfin surtout des meilleures joueuses parisiennes, a tout de même donné naissance à une « équipe nationale » en 1920. Qui joue devant plus de 25 000 spectateurs ! Puis le phénomène s'essouffle.

Il faut faire un bond en avant, jusque dans les années 1960, pour la renaissance, sous l'impulsion incroyable des « filles de Reims », qui vont faire le tour du Monde, pour promouvoir la pratique, jouer dans des stades combles, au Mexique, au Canada, au Chili. Le football féminin est enfin reconnu par la Fédération Française de Football en 1970. S'ensuivra une traversée du désert avant qu'Aimé Jacquet, devenu alors le Directeur Technique National, ne lui donne une nouvelle impulsion juste avant l'An 2000.

TROP FORT !

C'est la Fédération des Sociétés Féminines Sportives de France (FSFSF) qui a créé le championnat de France de football féminin en 1919. Une première mondiale à l'époque !

DUR !

Lors de la Seconde Guerre mondiale, le gouvernement de Vichy a « interdit vigoureusement » la pratique du football féminin.

CHRONO EXPRESS

1917 Premier match de football féminin disputé en France

1932 Dernier match de l'Équipe de France de la FSFSF en Belgique

C'est l'Équipe de France qui a disputé le tout premier match international de l'Histoire.

RESPECT !

Pour leur premier match international face aux Anglaises de Preston, surnommées les *Dick-Kerr's Ladies*, les Françaises jouent au Deepdale (le stade de Preston North End FC) devant plus de 25 000 spectateurs !

HALLUCINANT !

En 1921, la Football Association (FA), l'équivalent de la Fédération Anglaise de Football, interdit carrément le foot féminin en Grande-Bretagne. Pourtant, les Françaises continuent leurs tournées : elles vont successivement jouer à Plymouth, Exeter et Falmouth. Même pas peur, les filles !

1970

Le football féminin est reconnu par la FFF.

LE **DÉTAIL** QUI TUE

Le dernier match de l'Équipe de France de la Fédération des Sociétés Féminines Sportives de France (FSFSF) a eu lieu le 3 avril 1932 contre la Belgique, à Bruxelles, car en avril 1933, le football a été officiellement radié des sports organisés par la FSFSF.

Pierre Geoffroy *(à gauche)* en pleine discussion tactique avec «ses» filles.

À jamais les pionnières !

Et dire qu'au début, c'était pour... animer une kermesse ! Celle du journal local *L'Union* à Reims, pour laquelle Pierre Geoffroy et Richard Gaud, tous les deux journalistes à la rubrique des sports, avaient lancé un appel aux volontaires pour l'organisation d'un match de football féminin. L'idée paraissait incongrue en 1968, le succès sera incroyable. C'est le début d'une aventure extraordinaire pour les filles, qui parcourent la France pour se produire, puis intègrent la section football du grand Stade de Reims. Une véritable épopée qui conduira cette bande d'irréductibles filles à crampons de Rome à Turin, en Angleterre et même aux États-Unis. New York, Boston, Chicago, Montréal. Et puis Java, et encore Sumatra et les Antilles. C'est la « tournée des princesses » !

Le tour du monde d'une équipe imbattable ou presque, qui participera consécutivement aux huit premières finales du championnat de France, créé en 1974, et en remportera cinq. Quelques années après les exploits de Raymond Kopa et Roger Piantoni, Reims vibre au rythme de ses filles qui changent les regards sur le football féminin. Rémoises forever !

TROP FORT !

En octobre 1978 est organisée à Taïwan une Coupe du monde féminine (non reconnue par la FIFA). L'Équipe de France, qui remporte sa poule et partage la victoire avec la Finlande (il n'y a pas de finale), est en réalité l'équipe de Reims au grand complet !

BIEN DIT !

« La vitesse, la tactique, la technique, tout a évolué ! Aujourd'hui, les filles sont devenues de vraies sportives de haut niveau là où nous étions des sportives de bon niveau. »
Ghislaine Royer-Souef, la gardienne de but des « Pionnières ».

ZOOM EN CHIFFRES

5 titres de championnes de France
en 1974-75, 1975-76, 1976-77, 1979-80 et 1981-82

LA **CLASSE !**

Élisabeth Loisel, qui a évolué à Reims entre 1979 et 1982, est devenue en 1997 la sélectionneure de l'Équipe de France féminine.

MARRANT !

Comme des garçons, comédie sortie en salles en 2018, s'inspire librement de l'histoire des filles de Reims. Le réalisateur et scénariste Julien Hallard a eu « le coup de foudre pour cette histoire », après en avoir entendu parler à la radio.

« On était toutes sportives, ça n'a pas été compliqué », se souvient la gardienne Ghislaine Royer-Souef *(en jaune)*.

1 titre « officieux »* de championnes du monde des clubs féminins en 1978

* un titre non reconnu par la FIFA

QUEL **TALENT !**

« Elles ont vraiment pris leur destin en main, elles voulaient quelque chose et elles l'ont fait. Ce qui n'était à la base qu'un divertissement est devenu le début d'une belle histoire. » Richard Gaud, à l'origine du tout premier match à Reims.

Les Écoles Féminines de Football sont de plus en plus nombreuses chaque année.

Le foot dans la peau

Dans le cadre du développement du football à l'école et en lien avec la convention nationale signée en 2011, la FFF, le Ministère de l'Éducation Nationale (MEN) et l'Union Sportive de l'Enseignement du Premier degré (USEP) et l'UNSS (Union Nationale du Sport Scolaire) mutualisent leurs forces pour favoriser, au sein des écoles, l'essor du foot féminin.

Sous l'impulsion de Brigitte Henriques et de Michelle Chevalier et à la suite du brillant parcours des Bleues à la Coupe du monde en Allemagne, l'opération, intitulée « le Football des Princesses » est créée. Elle vise à développer la maîtrise technique (des apprentissages moteurs et cognitifs liés à l'activité football) mais aussi des compétences tactiques. Depuis, ce dispositif s'intitule « Foot à l'école » et chaque année, des projets de classe sont récompensés. Mais être une joueuse de foot aujourd'hui, c'est aussi intégrer un club de football. Quand il n'y a pas de structure pour les filles, certaines peuvent jouer avec les garçons. Quelques clubs montent des ententes, d'autres ouvrent leur propre École Féminine de Football (EFF).

TROP FORT !

Lancée en janvier 2013 dans le but de féminiser les instances et l'encadrement au sein des clubs, l'opération « Mesdames, franchissez la barrière ! » est maintenant organisée dans 55 districts, en présence de plus de 2 200 femmes.

QUEL TALENT !

Si l'on dénombre plus de 800 EFF (Écoles Féminines de Football) aujourd'hui, 490 ont rejoint les rangs en obtenant le précieux Label rien qu'au cours de l'année 2018. Impressionnant !

ZOOM

LA RENTRÉE DES CLASSES CHEZ LES FILLES, C'EST :

16 000 nouvelles licenciées

+20 % chez les enfants

+12 % chez les adolescentes

RESPECT !

6 000 équipes féminines étaient engagées dans les différents championnats en 2018, soit deux fois plus qu'en 2012 !

HALLUCINANT !

2 600 clubs possèdent au moins une équipe féminine dans leur association. Soit 70 % de plus qu'en 2012 !

L'opération « Mesdames, franchissez la barrière ! » est maintenant organisée dans tout l'Hexagone.

LA CLASSE !

Le football est le sport féminin qui a connu la plus forte hausse de pratiquantes depuis 2011 : + 46 % !

+5,6 %
chez les seniors

+18 %
chez les arbitres

«Le foot à l'école» s'adresse aux élèves du primaire, des classes de CE1, CE2, CM1 et CM2.

TROP FORT !

Fondée en 1972, l'ISF (*International School Sport Federation*), qui compte 81 pays membres issus des cinq continents, est aussi reconnue par le Comité International Olympique (CIO). Elle organise les championnats du monde universitaires.

AH BON ?

À l'école, le changement de catégorie d'âge s'opère le 1er novembre, alors que dans un club la saison s'étend du 1er septembre au 31 août de l'année suivante. On peut donc jouer dans deux catégories d'âge différentes.

Du foot en club du foot à l'école

Outre les sections filles qui s'ouvrent de plus en plus dans les clubs de l'Hexagone, le foot féminin se développe aussi dans les différentes filières de l'Éducation Nationale. L'opération « Foot à l'école » connaît un franc succès dans le cycle primaire, mais les collèges et les lycées ne sont pas en reste. L'UNSS (Union Nationale du Sport Scolaire) organise chaque année son championnat de France d'excellence pour les Minimes (13-14 ans) et les Cadettes (15-16 ans).

L'UGSEL (Union Générale Sportive de l'Enseignement Libre, qui regroupe les établissements d'enseignement catholique) a aussi son championnat national de futsal. Les meilleures collégiennes et lycéennes ont ainsi rendez-vous tous les mercredis après-midi, en plus de jouer dans leur club le week-end ! Et, cerise sur le gâteau, les championnes de France UNSS gagnent aussi le droit de participer tous les deux ans au championnat du monde scolaire. Les filles du lycée Sacré-Cœur de Saint-Brieuc, championnes du monde en 2015, s'en souviennent encore ! C'est la première fois que l'équipe de France UNSS remporte le titre mondial. Bravo, les filles, qui ont bien failli récidiver en 2017, où elles se sont hissées jusqu'en finale.

ZOOM

LE FOOT POUR LES FILLES, C'EST* :

257 équipes et **132** associations dans les collèges.

Les filles du lycée Sacré-Cœur de Saint-Brieuc encerclent la coupe : championnes du monde !

LA CLASSE !

En 2015 au Guatemala, c'est l'Équipe de France scolaire féminine qui a été couronnée championne du monde. Bravo aux filles du lycée Sacré-Cœur de Saint-Brieuc !

BIEN DIT !

Le Challenge Marilou Duringer, réservé aux sections sportives scolaires féminines (ou mixtes) des collèges, se dispute à 8 contre 8 sur 2 périodes de 20 minutes : « Nous développons la pratique sportive féminine dans les collèges dans le but de renforcer le niveau, peut-être, des futures pensionnaires de nos Pôles Espoirs féminins. » Hubert Fournier, le DTN (Directeur Technique National).

RESPECT !

En 2013-2014, l'opération « Football des Princesses » (des tournois de foot à l'école) a rassemblé 44 000 personnes dans 1 350 classes primaires de 725 écoles et « Mon Euro 2016 », venu ensuite, a mobilisé 170 000 élèves de 7 500 classes, du CE2 à la terminale.

96 équipes et **56** associations dans les lycées.

* chiffres 2016

Les crampons moulés sont tolérés sur les pelouses synthétiques.

On s'équipe !

Les lois du jeu, comme les équipements, sont exactement les mêmes pour les filles que pour les garçons. Des crampons moulés (pour les terrains synthétiques et les terrains secs) et des crampons vissés (pour les terrains gras, gazonnés) sont les premiers outils indispensables.

Dans le sac doivent se trouver une paire de protège-tibias, obligatoires en match et recommandés à l'entraînement, une ou deux paires de chaussettes (il est courant de jouer avec deux paires, une « première peau » plus fine sous la paire de bas) sans oublier les chevillères, qui permettent de renforcer le maintien d'une articulation très souvent sollicitée (sur les appuis) voire exposée (dans les différents chocs) pendant un match de foot. Au niveau des textiles, aucun équipementier n'a pour le moment créé une ligne de vêtements exclusivement destinée aux filles qui jouent donc avec les mêmes maillots que les garçons, mais plus cintrés et moins amples. Une anomalie qui devrait vite s'effacer : les joueuses de l'Équipe de France ont porté pour la première fois un short « coupe femmes » lors de la Coupe du monde 2019.

AH BON ?

Jusqu'en catégorie U15F, les filles peuvent jouer avec les garçons dans des équipes mixtes. Elles ont même la possibilité de jouer en étant déclassées, face à des joueurs moins âgés qu'elles.

LE DÉTAIL QUI TUE

Le cuissard, sorte de seconde peau à porter sous le short, n'est pas la pièce la plus superflue du dress-code : il permet d'accélérer la montée en température des muscles pendant l'échauffement et la circulation sanguine pendant l'effort, et il régule la transpiration.

ZOOM

LES DIFFÉRENTES **CATÉGORIES D'ÂGE**

U6F	U7F	U9F	U11F	U13F
5 ans	6 et 7 ans	8 et 9 ans	10 et 11 ans	12 et 13 ans

Le cuissard, porté sous le short, ou le pantalon de survêtement : des atouts quand le froid s'invite sur la pelouse.

LA CLASSE !

Si le maillot en lui-même est exactement le même que pour les garçons, les filles portent en-dessous une brassière, qui associe souvent un tissu extensible anti-transpiration à une aération qui permet de rester au sec et à l'aise, en match comme à l'entraînement.

QUEL TALENT !

Il n'y a encore ni maillots ni shorts spécialement conçus pour les filles, mais en Équipe de France, si. Nike, l'équipementier des Bleues, développe depuis plusieurs années une ligne de maillots plus cintrés.

U15F	U17F	U19F
14 et 15 ans	16 et 17 ans	18 et 19 ans

BIEN DIT !

Carole Maitre, gynécologue et médecin du sport à l'INSEP, précise que la période des règles ne limite pas la performance. Abondantes, elles peuvent entraîner une diminution de l'hémoglobine, voire une carence en fer. Mais sinon, il n'y a pas de gêne à l'activité sportive.

Les arbitres fédérales au Centre National du football à Clairefontaine. Elles sont près d'une trentaine, dont 4 arbitres centrales internationales et 4 arbitres-assistantes internationales.

Toutes à vos postes !

Deux équipes, deux mi-temps et un seul but : marquer. Mais les règles de base du football ne doivent pas masquer l'essentiel : les différents rôles à se répartir sur le terrain.

Une équipe, ça s'organise et chaque membre doit donc savoir évoluer à son poste. La gardienne de but est la seule autorisée à jouer avec ses mains (dans sa surface de réparation seulement). La défenseure doit empêcher les joueuses adverses de s'approcher et surtout de frapper au but. Au milieu du terrain, on se partage les tâches entre la récupération et le pressing, c'est le rôle des relayeuses, ou la création du jeu, pour les plus offensives. Enfin, en attaque aussi les rôles sont bien définis. Il y a l'avant-centre, « la joueuse de surface », qui guette la moindre occasion, et l'attaquante qui lui tourne autour, décroche ou, au contraire, plonge dans la profondeur en cherchant toujours la complémentarité.

À chaque poste ses spécificités, à chacune son rôle, sans oublier celui de « la vingt-troisième fille » sur le terrain. L'arbitre, bien sûr, accompagnée de ses deux assistantes le long de la ligne de touche, qu'on appelle aussi « juges de touche ».

BIEN DIT !

« Les filles ont une excellente technicité, de l'audace et du tempérament. Même s'il ne faut pas comparer avec les garçons, il m'arrive de me dire, en les regardant jouer, que du point de vue technique, certains joueurs pourraient s'inspirer d'elles. » Aimé Jacquet

AH BON ?

Les gardiennes de but ont des séances d'entraînement « spécifiques » : avec des exercices bien précis entre elles avant de terminer par du jeu, avec le reste de l'équipe.

ZOOM SUR LES POSTES

Gardienne de but : arrête les ballons

Défenseure latérale : défend son couloir, gauche ou droit

Défenseure centrale : forme la charnière centrale, dans l'axe

Milieu défensive : évolue devant la défense

TROP FORT !

Souvent, les attaquantes terminent les séances d'entraînement par « du rab », une session supplémentaire. Frappes, reprises de volée, têtes ou coups de pied arrêtés, tout y passe !

RESPECT !

En partenariat avec le Fondaction du Football et la Direction Technique de l'Arbitrage (DTA), la FFF a mis en place les « Mercredis de l'arbitrage féminin », une initiative qui s'inscrit dans le PEF (Programme Éducatif Fédéral) et qui vise, à travers ateliers ludiques et quiz pédagogiques, à sensibiliser les filles au rôle d'arbitre. Jouez, sifflez !

Le footing : c'est par lui que les joueuses de l'Équipe de France débutent leur entraînement.

LA CLASSE !

Stéphanie Frappart, en Ligue 2 masculine et déjà sélectionnée pour représenter les arbitres françaises aux JO de Rio en 2016, a été retenue pour arbitrer la Coupe du monde 2019 en France, avec son assistante Manuela Nicolosi.

Milieu offensive : oriente les attaques placées

Attaquante : élimine son adversaire directe, crée des occasions de but

Avant-centre : évolue en pointe, termine l'action

L'entraînement est toujours un temps fort de la journée dans les Pôles Espoirs.

Comment devenir pro ?

L'ambition de la Fédération est très claire : « couvrir au maximum le territoire ». Tout commence au niveau local sous l'égide des cadres techniques départementaux (CTD) qui, en lien étroit avec les clubs, connaissent déjà les meilleures joueuses de ballon du département. Une première opération de détection est organisée chez les U14F (moins de 14 ans) : « les Espoirs du football ». Chaque district forme sa sélection départementale, puis chacune d'elles se rencontre dans sa ligue respective. Les meilleures de chaque sélection départementale forment la sélection régionale.

Les meilleures joueuses de la catégorie U15F (moins de 15 ans), intègrent un Pôle Espoirs fédéral, véritable centre de formation pour les filles : un cursus de 3 ans de 15 à 18 ans. Autrement dit : les années lycée en version Sport-Études. Les filles y suivent à la fois leur cursus scolaire et leur formation de footballeuses de haut niveau (avec des séances d'entraînement tous les jours) dans un emploi du temps spécialement aménagé. Un septième Pôle Espoirs féminin a vu le jour en 2018 à Mérignac, près de Bordeaux.

AH BON ?

Dans son développement du foot féminin, la FFF insiste auprès des clubs pour qu'ils offrent, jusqu'en catégorie U13F, la possibilité aux filles de jouer à 5 contre 5 ou même à 8 contre 8. C'est plus ludique et ça permet de toucher beaucoup plus le ballon !

LE DÉTAIL QUI TUE

Plus de 650 joueuses ont déjà été formées dans les Pôles Espoirs féminins de la FFF.

ZOOM

LES 7 PÔLES ESPOIRS FÉMININS (EN PLUS DU PÔLE FRANCE SITUÉ À L'INSEP)

Liévin · Blagnac · Rennes · Strasbourg

« Les Espoirs du football » : première détection pour les filles chez les U14F.

BIEN DIT !

« À partir de 2020, une fille devra pouvoir, quelle que soit sa catégorie, trouver un club à 15 ou 20 minutes maximum de chez elle. » Sylvie Gonfalone, Conseillère Technique Nationale en charge du développement de la pratique féminine à la FFF.

MALIN !

Bel exemple de l'efficacité du maillage fédéral, toutes les championnes du monde ISF du lycée Sacré-Cœur de Saint-Brieuc, en 2015, étaient également licenciées à l'En Avant de Guingamp dans le cadre d'un partenariat entre la FFF, le lycée briochin et le club.

Tours

Vaulx-en-Velin

Mérignac
(le dernier né, ouvert à la rentrée 2018)

MARRANT !

Chaque année, début juin, Capbreton accueille la finale nationale du Pitch U13F Festival Foot qui réunit les meilleures sélections régionales des 12-13 ans. Après plusieurs phases qualificatives, des milliers de crampons déboulent dans le District des Landes !

Des maths et du foot. Bienvenue au Pôle France !

En direct du Pôle France

Au début, le Pôle France, véritable centre de formation d'élite au féminin, avait pris ses quartiers dans les murs de l'INF Clairefontaine (Institut National de Formation), en 1998. Il a quitté la forêt de Rambouillet pour mettre le cap sur l'INSEP (l'Institut National du Sport, de l'Expertise et de la Performance) en 2014. À la différence des garçons de l'INF (13-15 ans), les filles du Pôle France sont plus âgées (15-17 ans) et c'est désormais dans le bois de Vincennes, au contact des autres athlètes, que les meilleures footballeuses françaises ont rendez-vous avec une idée fixe, devenir professionnelle, mais aussi une idée bleue, intégrer l'Équipe de France.

Issues des meilleurs clubs de l'Hexagone, elles bénéficient de tout le savoir-faire et du goût de l'excellence de l'usine à champions et championnes du sport français, l'INSEP. Sous l'autorité de l'entraîneur du pôle, Didier Brasse, les filles disposent de tout sur place : hébergement, cours dispensés au sein même de la structure par des professeurs détachés du lycée de Vincennes selon un emploi du temps adapté, entraînements et repas. La totale !

LA CLASSE !

Sur la « Terre des Champions », les filles du Pôle France bénéficient de 8 créneaux d'entraînement au lieu de 5 auparavant.

MARRANT !

Directrice du football féminin à la FFF, Frédérique Jossinet est à l'origine du déménagement du Pôle France à l'INSEP. Elle connaît bien la maison : l'ancienne judokate a été championne d'Europe et médaillée d'argent aux jeux Olympiques d'Athènes !

ZOOM

LE PÔLE FRANCE À L'INSEP, C'EST :

8 joueuses sélectionnées chaque saison

24 stagiaires permanentes

Les stagiaires du Pôle France bénéficient de toutes les infrastructures de l'INSEP.

RESPECT !

C'est au lendemain de la Coupe du monde 1998 et à la demande d'Aimé Jacquet, devenu Directeur Technique National, que le football féminin de haut niveau avait été pris en charge par les équipes de Clairefontaine.

HALLUCINANT !

Plus de 240 joueuses ont été formées au Pôle France depuis sa création, dont 58 internationales A !

LE DÉTAIL QUI TUE

Depuis sa création, le taux de réussite des filles du Pôle France au bac est de 90 %.

1 terrain synthétique

1 terrain en herbe

L'En Avant de Guingamp : une place forte du foot féminin en Bretagne.

D1, mode d'emploi

Le D remplace le L ! La Division 1 des filles est l'équivalent de la Ligue 1 des garçons et elle prend de plus en plus d'ampleur au fil des saisons. Dans le sillage de l'ogre Olympique Lyonnais, 11 autres équipes concourent pour le titre tant convoité de championne de France. La championne et sa dauphine sont qualifiées pour la Ligue des champions. Les deux dernières sont rétrogradées en D2.

Preuve de sa progression fulgurante, sur les douze équipes participantes, 10 étaient rattachées à une structure professionnelle au cours de la saison 2018-2019 : Lyon, le PSG, les Girondins de Bordeaux, Montpellier, Paris FC, EA de Guingamp, Dijon FCO, Lille OSC, FC Metz et Rodez Aveyron. Il fallait ajouter le FC Fleury 91 et l'ASJ Soyaux, un phare dans l'histoire du foot féminin en France, le plus ancien des clubs (qui a fêté ses 50 ans d'existence en 2017), encore et toujours « 100 % filles ». Le groupe Canal+, qui a acquis les droits TV de la D1 féminine jusqu'en à 2023, propose depuis 2018 l'intégralité des matches du championnat sur ses différentes antennes. Une autre avancée considérable dans la promotion du football féminin.

LA CLASSE !

Le championnat de France de football féminin est officiellement réapparu en 1974. Depuis 1992-1993, la D1 Féminine sacre le meilleur des douze clubs engagés après 22 journées aller-retour.

HALLUCINANT !

Le nombre de clubs présentant des équipes féminines a bondi de 1 500 en 2011 à plus de 2 000 aujourd'hui ; le nombre d'équipes féminines est passé dans le même temps de 3 304 à plus de 5 200 !

ZOOM LES CLUBS LES PLUS TITRÉS

- Olympique Lyonnais (OL) — 12 titres
- FCF Juvisy (aujourd'hui Paris FC) — 6 titres
- VGA Saint-Maur — 6 titres
- Stade de Reims — 5 titres
- FC Lyon — 4 titres

Les filles du PSG, les rivales numéros 1 des Lyonnaises dans le championnat.

RESPECT !

Louis Nicollin (décédé en juin 2017) a été un pionnier dans la professionnalisation du football féminin en France. Premier président d'un club pro à ouvrir une section féminine en 2001 à Montpellier, « il a initié les choses », se rappelle Sonia Bompastor (156 sélections et 19 buts en Équipe de France) championne de France avec Montpellier en 2004 et 2005. » Éternel « Loulou ».

AH BON ?

Le championnat de Division 2 (D2) rassemble 24 équipes réparties en 2 poules de 12. Le vainqueur de chaque poule monte en D1 la saison suivante.

INFO+

Sous le niveau national (D1 et D2), chaque ligue a aussi son championnat régional. Anciennement la DH, on l'appelle aujourd'hui la R1.

Toulouse OAC/ Toulouse FC
4 titres

AS Étroeungt
3 titres

Montpellier HSC
2 titres

La façade sud du Château : la Résidence des Bleues, côté terrasse.

Bienvenue chez les Bleues !

C'est le but ultime. Parce que, tous les sélectionneur(e)s le répètent, « il n'y a rien au-dessus. » Le maillot bleu frappé du coq et l'hymne national qui retentit avant chaque rencontre. Être sélectionnée, c'est enfiler une nouvelle tenue mais aussi changer de monde. Qui dit Équipe de France dit Clairefontaine, et qui pense Équipe de France « A » se tourne vers le Château. Les filles y sont accueillies dans les mêmes conditions que les garçons. Ici, ce sont elles les châtelaines.

Aussi appelé « Résidence de l'Équipe de France », voilà leur quartier général. Niché en plein cœur du Centre National du Football, il domine le terrain Michel Platini et le terrain synthétique couvert, en contrebas. C'est ici que tout s'organise. Ici que la sélectionneure convoque ses joueuses, ici que chaque rassemblement trace les contours de l'aventure. Clairefontaine et son Château. Le décor est planté. Nous entrons sur les terres des Bleues. C'est là, à l'instar des garçons, que les filles de Corinne Diacre ont établi leur camp de préparation pour la Coupe du monde 2019.

BIEN DIT !

« Le déclic a eu lieu lors de ma première sélection en Équipe de France. J'avais 24 ans et j'ai compris qu'il fallait travailler plus et faire des sacrifices. » Sandrine Soubeyrand, recordwoman des sélections en bleu (198)

LE DÉTAIL QUI TUE

Instituée par la DTN et le sélectionneur Bruno Bini en 2008, l'Équipe de France féminine « B » représente l'antichambre des Bleues. Jean-François Niemezcki en est le sélectionneur actuel.

ZOOM

LES AUTRES ÉQUIPES DE FRANCE CHEZ LES FILLES

- **U16F** moins de 16 ans
- **U17F** moins de 17 ans
- **U18F** moins de 18 ans

Au cœur de leurs stages à Clairefontaine, du travail, du plaisir, des sourires !

AH BON ?

C'est le 17 avril 1971 que les Tricolores disputent leur premier match « officiel » contre les Pays-Bas. Une victoire sans appel 4-0 à Hazebrouck !

RESPECT !

L'Équipe de France féminine a intégré Clairefontaine dès l'inauguration du Centre, en 1988. Les filles étaient hébergées dans les résidence annexes. Une fois, avant l'Euro 1996 des garçons, elles ont intégré le Château... qu'elles ne quittent plus depuis l'arrivée de Noël Le Graët à la tête de la FFF.

U19F
moins de 19 ans

U20F
moins de 20 ans

Équipe de France B
le plus souvent des universitaires et des joueuses de moins de 21 ans

LA CLASSE !

À quelques mois de « leur » Coupe du monde, les Bleues de Corinne Diacre ont terminé l'année 2018 à la troisième place du classement FIFA (comme en 2014, 2015, 2016). La meilleure de leur histoire !

La montée des marches : le point de départ de chaque rassemblement.

Au château

Onze marches qui mènent au pied de son entrée principale, côté nord, les pierres apparentes, les petites tuiles, la vigne qui court sur le fronton : la résidence de l'Équipe de France a conservé extérieurement son apparence d'autrefois. Mais le Château de Montjoye, bâti au 19e siècle par une famille britannique, a subi par contre de nombreuses rénovations depuis que la Fédération Française de Football en a fait la résidence de ses Équipes de France, filles et garçons. Et c'est peut-être à l'intérieur que cela se remarque le plus.

Quand elles arrivent au rassemblement, les joueuses sélectionnées récupèrent la clé de leur chambre et leur paquetage. Sur place, tout est organisé pour les mettre dans les meilleures conditions. Au rez-de-chaussée sur leur gauche se trouve la grande salle des repas, avec vue panoramique sur le parc (toujours côté nord). Sur la droite, un grand et un petit salon se répondent en enfilade, entre les canapés en cuir et les fauteuils club. Pour leur détente, les joueuses y trouvent un baby-foot, un billard et une table de ping-pong. Une troisième salle abrite aussi les séances vidéo.

LA CLASSE !

30 chambres ont été aménagées dans le Château : 20 chambres simples et 10 chambres doubles.

RESPECT !

Le grand salon, qui jouit d'une alcôve en mezzanine au-dessus d'un petit bar, est la plus grande pièce du Château : 102 mètres carrés et un lustre majestueux au-dessus d'un parquet en pointes. Son nom ? Le Salon Aimé Jacquet !

ZOOM

L'ÉQUIPE DE FRANCE FÉMININE, C'EST

14 matches
de Coupe du monde
6 victoires, 3 matches nuls, 5 défaites

21 matches
de championnat d'Europe
8 victoires, 7 matches nuls, 6 défaites

L'heure du repas dans la grande salle : un rituel, en mode self-service. À table !

MARRANT !

Le grand salon n'est pas la seule pièce rebaptisée du rez-de-chaussée : la grande salle des repas s'appelle « Salon Roger Lemerre », qui fut l'adjoint d'Aimé Jacquet en 1998 et le sélectionneur des Bleus champions d'Europe en 2000, vainqueurs aussi de la Coupe des Confédérations 2001.

LE **DÉTAIL** QUI TUE

Les joueuses sont toutes ensemble pour les repas, réunies autour d'une seule et même grande table (pouvant accueillir jusqu'à 28 couverts !). Le staff se trouve juste à-côté, mais sur une table séparée, autour de la sélectionneure.

BIEN **DIT** !

« Pour ma première sélection, en 2001, j'étais encore lycéenne et ça n'avait rien à voir. Aujourd'hui, au niveau des moyens, on peut pratiquer le foot dans des conditions exceptionnelles. »
Camille Abily, *183 sélections de 2001 à 2017.*

10 matches
au jeux Olympiques
5 victoires, 5 défaites

434 matches
toutes compétitions confondues
(série en cours)

Séance d'abdominaux pour Eugénie Le Sommer et Amandine Henry.

Au cœur d'un stage !

Un match amical, un double rendez-vous décisif en phase de qualification ou carrément la préparation d'un tournoi majeur : les rassemblements des Bleues ne sont jamais les mêmes, et pourtant. Pendant ces (trop) rares moments de vie commune, le moindre détail compte. Du réveil le matin jusqu'à l'extinction des feux, tout est programmé à la minute près par la sélectionneure et son staff. Hier écrits sur des paperboards, les plannings journaliers s'affichent maintenant sur des écrans digitaux, dans les espaces communs. Tout y est scrupuleusement détaillé : horaire du petit-déjeuner, heure des soins, séance vidéo, entretien individuel, le rendez-vous au vestiaire, le début de l'entraînement, comme les plages de temps libre…

Certains jours, des joueuses doivent mettre l'accent sur des soins et/ou de la récupération pendant que d'autres ont besoin de toucher le ballon, car un stage est aussi un savant dosage entre l'individualisation du travail et la cohésion du groupe. C'est pour cette raison que les séances collectives s'effectuent rarement avec toutes les joueuses sélectionnées.

BIEN DIT !

« On a peu de temps de travail. On récupère les joueuses le lundi, elles ont joué le samedi ou le dimanche, donc sur le plan athlétique, logiquement, il faudrait leur laisser un peu plus de repos. »
Corinne Diacre

LA CLASSE !

Chaque joueuse sélectionnée reçoit son paquetage individuel dès son arrivée au Château. Son sac et sa tenue complète (maillots, shorts, survêtement…) sont personnalisés et floqués à ses initiales.

ZOOM

TOP 7 DES BLEUES LES PLUS SÉLECTIONNÉES

- Sandrine Soubeyrand – 198 sélections
- Laura Georges – 188 sélections
- Camille Abily – 183 sélections
- **Élise Bussaglia** – 184 sélections

En plein cœur de la séance, Corinne Diacre répète les consignes à ses joueuses.

AH BON ?

Les filles de Corinne Diacre s'entraînent souvent sur le terrain Michel Platini, à l'abri des regards, en contrebas du Château et du bâtiment administratif.

RESPECT !

Depuis 2011, l'Équipe de France féminine A s'est qualifiée pour toutes les phases finales des compétitions continentales et mondiales, de la Coupe du monde 2011 à l'Euro 2017.

LE DÉTAIL QUI TUE

La Coupe du monde 2003 (la première des Bleues) était programmée en Chine mais s'est finalement déroulée aux États-Unis. La raison ? La grippe aviaire !

Sonia Bompastor
156 sélections

Eugénie Le Sommer
157 sélections

Gaëtane Thiney
152 sélections

(**en gras**, les joueuses toujours en activité)

Wendie Renard en plein test d'effort.

La journée type d'une Bleue

Il fallait voir les yeux des joueuses, dans le vestiaire du stade Geoffroy-Guichard, quand Corinne Diacre leur a dit : « Demain les filles, c'est grasse matinée. » Ce soir de 2018, la victoire (2-0) acquise face à l'Australie méritait bien ça. « Les filles travaillent bien, dans la cohésion, la vie du groupe, les plages de repos et de détente sont toutes aussi importantes, se justifie la sélectionneure. »

Sinon ? Les journées sont plutôt très bien remplies à Clairefontaine. Le petit-déjeuner se prend comme à l'hôtel, en version self-service mais dans des plages horaires fixes. Puis, suivant le planning individuel de chacune, c'est direction le Centre médical (pour des tests ou des soins), la balnéo (récupération), ou bien les sentiers forestiers (footing, balade en vélo). La grande salle vidéo ou le terrain (entraînement matinal) peuvent aussi s'inviter au programme. Tout est minuté jusqu'au déjeuner. S'ensuit une plage de repos avant l'entraînement et les soins de l'après-midi. Et un peu de temps libre aussi, jusqu'au repas du soir. Le moment de rallumer son téléphone portable, proscrit à table.

DUR !

Attention, rien n'échappe au regard du groupe : une coupe de cheveux différente ou une nouvelle paire de protège-tibias peut provoquer des éclats de rire !

AH BON ?

Dans le planning très chargé d'une journée de stage s'ajoutent aussi les rendez-vous médias, quand les joueuses viennent à la rencontre des journalistes, soit à Clairefontaine soit à l'hôtel (en déplacement et à l'étranger).

ZOOM

LA DÉLÉGATION DES BLEUES POUR LA COUPE DU MONDE 2019

- Chef de délégation : **Brigitte Henriques**
- Responsable des médias : **Jérôme Millagou**
- Team manager/Coordinateur administratif : **Jules Wolgust**
- Responsable équipements : **Xavier Boussardon**
- Intendant adjoint : **Gérard Mathely**

Des balades à vélo agrémentent aussi la préparation physique des joueuses.

LA CLASSE !

À Clairefontaine, toutes les chambres sont équipées de télévisions connectées, mais les joueuses possèdent aussi leur propre matériel (ordinateurs portables et tablettes bien remplis de leurs films et séries favoris).

MOTIVÉES !

Quand les filles descendent vers le terrain Michel Platini pour l'entraînement, il leur arrive de démarrer l'échauffement dès leur sortie du Château, dans le sentier (très) pentu qui sépare le bitume du terrain gazonné.

LE DÉTAIL QUI TUE

Les tests physiques s'effectuent aussi en plein air à Clairefontaine sur le stade Pierre-Pibarot, équipé d'une piste d'athlétisme de 400 mètres.

Analyste vidéo
Clément Ybert

Optimisateur performance
Richard Ouvrard

Reporter JRI* fff.fr
Antonio Mesa

Reporter JRI* fff.fr
Jérôme Vitoux

* journaliste reporter d'images

C'est l'heure de l'entraînement «spécifique» pour les gardiennes.

À l'entraînement

Les joueuses se retrouvent dans le vestiaire, généralement une petite demi-heure avant le début de l'entraînement, pendant que le staff technique prépare la séance à venir en disposant plots, coupelles et autres accessoires sur le terrain.

Les gardiennes se regroupent entre elles autour de leur entraîneur spécifique. Elles travaillent la répétition des gestes, des appuis à travers des exercices bien précis, le plus souvent dans une surface de réparation et sur un même but. À côté, les joueuses de champ enchaînent, suivant que l'on se trouve en début de stage ou plus près d'un match, entre des petits jeux réduits (passes à 10, jeux de conservation), du travail tactique (une mise en place en conditions, donc sur la largeur totale du terrain) ou technique (répétition du geste à travers des actions en circuit, des centres et de la finition devant le but). Pour ces derniers, les gardiennes ont repris leur place dans les cages. Souvent, à la veille d'un match, quand la sélectionneure distribue les chasubles, se dessine la composition de l'équipe, entre les titulaires et les remplaçantes. On dit alors que l'on se met en « configuration de match. »

LE DÉTAIL QUI TUE

Il est très rare de voir une opposition à 11 contre 11 à l'entraînement. Souvent, parmi les 23 sélectionnées, quelques joueuses restent en salle de soins quand d'autres se trouvent en phase de réathlétisation.

SYMPA !

Des thèmes de jeu bien précis sont souvent ajoutés aux oppositions : touches de balle limitées (trois maximum, voire moins), obligation de marquer en une touche (sans contrôle), interdiction de redonner le ballon à celle qui vient de le donner... la liste est longue !

ZOOM

LE STAFF TECHNIQUE DE CORINNE DIACRE POUR LA COUPE DU MONDE 2019

Entraîneur adjoint
Philippe Joly

Entraîneur des gardiennes
Gilles Fouache

Petite séance de récupération et de renforcement de l'équilibre en duo.

LA CLASSE !

Depuis 2016, les filles bénéficient d'un espace « balnéothérapie-récupération », directement accessible depuis le Château...

HALLUCINANT !

Ce nouvel espace, divisé en quatre zones (musculation, étirements, massages et bains) s'étend sur 400 m^2 !

EN VO

Parmi les 10 meilleures buteuses de l'histoire chez les Bleues, 5 sont encore en activité : Eugénie Le Sommer, Marie-Laure Delie, Gaëtane Thiney, Élise Bussaglia et Wendie Renard.

Préparateur athlétique
Anthony Grech Angelini

Cybex, Genourob, tapis... on trouve de tout au Centre médical.

Aux petits soins pour elles

L'Équipe de France arrive, c'est tout le Centre National de Clairefontaine qui se mobilise pour les accueillir. L'ensemble des infrastructures est mis à la disposition des filles qui, outre le fait de dormir au Château, bénéficient de l'ensemble des équipements du CNF, avec les terrains Pierre-Pibarot et Michel Platini bien sûr, mais aussi le terrain synthétique couvert, tout en bas du parc, et également un gymnase.

Parmi eux, le Centre médical tient une place particulière. Sur place, une douzaine de personnes travaillent à temps plein, en plus du staff médical des Bleues. C'est là que s'effectue une grande partie des tests physiques et que sont prodigués les soins ou les premiers examens, en cas de blessure contractée pendant un rassemblement. Les joueuses peuvent s'y rendre pour y effectuer leur réveil musculaire, des séances de stretching ou de renforcement. Ouvert en 2006, le Centre médical s'est vu décerner le précieux « Label d'excellence » par la FIFA en 2013, qui l'a renouvelé en décembre 2017. Un outil à la pointe de la médecine et aux petits soins pour les joueuses de l'Équipe de France.

HALLUCINANT !

Le Centre médical s'étend sur 1 400 m2, dont un espace balnéothérapie de 300 m² et un bassin de rééducation de 70 m².

EN VO

Trois pôles sont à disposition des joueuses : le pôle « Soins », le pôle « Évaluation » et le pôle « Rééducation-réathlétisation ».

ZOOM

LE STAFF MÉDICAL DE CORINNE DIACRE

Médecin
Vincent Detaille

Kinésithérapeute-ostéopathe
Audrey Citton-Gerald

La rééducation/réathlétisation s'effectue aussi au Centre médical.

BIEN **DIT** !

« Le Centre médical de Clairefontaine est une référence en France et à l'international avec le label FIFA Excellence Medical Center. C'est un honneur de faire partie de cette belle équipe dans ce beau domaine. » Emmanuel Orhant, *Directeur médical de la FFF*.

LA **CLASSE** !

5 kinés, 3 médecins, des préparateurs physiques, des podologues, des diététiciens, des dentistes... on les trouve tous au Centre médical de Clairefontaine !

Kinésithérapeute
Nathalie Barusseau

Kinésitéhrapeute
Maxime Gaspard

DUR !

La cryothérapie est aussi au service des Bleues : une plongée du corps pendant quelques minutes dans un tube à -130°C, rien de mieux pour booster la récupération !

Les séances d'entraînement sont filmées en direct.

Les Bleues dans les yeux

Visionnage, drones, gilets GPS à l'entraînement... La technique s'est considérablement enrichie à Clairefontaine depuis plusieurs années. Pas le choix au plus haut niveau ! Corinne Diacre attache elle aussi une importance toute particulière à la vidéo. En plus de regarder un maximum de matches, la sélectionneure s'appuie sur une banque de données extrêmement fournie, en forme de salle aux trésors.

Nous entrons ici dans le jardin secret de Clément Ybert, le responsable vidéo de l'Équipe de France féminine, rattaché au pôle audiovisuel de la FFF et de la DTN. Depuis 2011 et la fin de ses études dans... le cinéma, ce féru de sport en général et de foot en particulier s'occupe exclusivement des Bleues ! De la préparation d'un match à travers des montages sur le futur adversaire au debriefing d'un autre grâce à ses résumés méticuleux, tout y passe. Chaque internationale dispose même de sa propre analyse détaillée, après chaque rencontre. Si tout le monde, au sein du staff, se lève très tôt le matin, lui dort peut-être encore moins que les autres lors des phases finales !

RESPECT !

L'analyste vidéo des Bleues est aussi licencié à l'ASCC Rambouillet Olympique, un club de décathlon-triathlon !

HALLUCINANT !

À Clairefontaine, 26 caméras sont installées sur les piliers autour des terrains et directement reliées au serveur central. Corinne Diacre peut donc voir en direct la séance d'entraînement sur une tablette depuis le rond central !

ZOOM

LE PÔLE AUDIOVISUEL DE LA FFF

7 personnes à temps plein au service des sélections nationales

1 plateforme numérique dédiée aux joueurs et joueuses des Équipes de France

MOTIVÉ !

« L'analyse vidéo est un domaine très chronophage. Un montage de 20 minutes peut représenter 100 à 150 heures de travail. »
Thierry Marszalek, *responsable du pôle audiovisuel de la FFF.*

Thierry Marszalek et Éric Dubray, technicien vidéo *(de gauche à droite)*, préparent la prochaine séance vidéo des Bleues.

LE **DÉTAIL** QUI TUE

Dans la préparation d'un seul match, la sélectionneure s'appuie généralement d'abord sur une séance vidéo pour, ensuite, travailler un détail tactique sur le terrain.

BIEN **DIT** !

« Pour la progression des filles et dans le souci de ne rien laisser au hasard, la vidéo est extrêmement importante car elle permet de corriger certaines choses plus vite. Donc de gagner du temps. »
Corinne Diacre

120 tera de stockage sur le serveur général, qui est grand comme une armoire

Dans le bus, sur la route du stade. C'est jour de match pour les Bleues !

Une organisation impeccable

Jules Wolgust est le « Team Manager » de l'Équipe de France féminine. C'est lui qui coordonne l'administration et la logistique de l'ensemble de la délégation tricolore. Derrière chaque rassemblement des Bleues se cache aussi son travail de l'ombre : tout planifier, tout organiser. Pas une mince affaire !

D'abord, il faut gérer les voyages aller-retour de chaque joueuse entre son club et Clairefontaine, le lieu du rendez-vous, intégralement pris en charge par la Fédération. Train, avion ou taxi pour les plus proches (les joueuses qui évoluent en région parisienne par exemple). Ensuite, organiser tous les déplacements de la délégation pendant le rassemblement. Réserver les hébergements, planifier les trajets aéroport-hôtel, hôtel-stade, stade-aéroport... Un véritable travail de fourmi que celui qui passe plus de temps derrière ses téléphones que sur le bord de la pelouse résume en quelques mots : « Mettre les joueuses et le staff dans les meilleures conditions possibles. »

BIEN DIT !

« Pour la Coupe du monde 2019, sachant en plus que la compétition se déroule en France, mon boulot et mon rôle restent grosso modo le même : limiter le stress et donner du fluide. » Jules Wolgust

DUR !

Un souci, un retard, des grèves... c'est le « tiercé cauchemar » de Jules Wolgust qui doit alors jongler et adapter les transports individuels de chaque joueuse convoquée.

ZOOM

LA DÉLÉGATION TRICOLORE, C'EST :

- Un groupe de 23 joueuses
- Un staff de 16 personnes

Une organisation sans faille et parfois même un comité d'accueil pour Wendie Renard et les Bleues !

LE **DÉTAIL** QUI TUE

L'organisation d'un rassemblement demande 15 jours entiers de travail en amont au Team Manager.

AH **BON ?**

S'il ne réserve pas la totalité d'un hôtel, le Team Manager des Bleues privatise néanmoins plusieurs salles à l'intérieur de chaque établissement pour la restauration, la vidéo, le médical...

MALIN !

Dans les hôtels, le « Monsieur Organisation » des Bleues s'arrange pour réserver des chambres et des salles proches les unes es autres. En privatisant un étage, par exemple.

Une délégation de 35 personnes en moyenne

Les ballons sortis des filets, la séance va commencer.

Intendance cinq étoiles !

C'est l'autre travail de l'ombre chez les Bleues. Celui qui ne se voit pas mais sans lequel rien ne serait pareil. Xavier Boussardon œuvre depuis bientôt vingt ans à la FFF mais, depuis octobre 2017, il est spécialement détaché au service des Bleues. À plein temps dans le staff de Corinne Diacre et à temps plein à Clairefontaine, c'est lui qui gère tout l'attirail de l'Équipe de France féminine : le matériel destiné aux sportives (ballons, plots et tout ce qui concerne les séances d'entraînement...) et bien sûr l'ensemble des équipements.

À leur arrivée, les joueuses et le staff prennent en effet possession de leur dotation complète. Chacun son sac, personnalisé avec ses propres initiales, et tout le paquetage dedans, maillots, shorts, chaussettes, vestes de survêtement... Un travail minutieux qui requiert une organisation sans faille, et pour cause : en cumulant toutes les sélections (plus de 800 joueurs et joueuses à équiper chaque saison), les cadres techniques, les arbitres et l'INF, ce sont plus de 500 000 pièces qui circulent chaque année au Centre National de Clairefontaine !

LE DÉTAIL QUI TUE

L'intendant travaille étroitement avec le staff médical et la délégation (le chef cuisinier notamment) : il coordonne la logistique des malles et cantines pour chaque déplacement.

RESPECT !

Avant de rejoindre l'Équipe de France féminine, Xavier Boussardon est devenu l'intendant des garçons, aux côtés de l'historique Diamantino De Faria, avec qui il a participé à la Coupe du monde 2014 au Brésil.

ZOOM

CLAIREFONTAINE C'EST AUSSI :

Près de **100** personnes qui travaillent sur le site

Plus de **800** joueuses et joueurs à équiper chaque saison

Plots, mannequins, chasubles, tapis... chaque séance d'entraînement demande une importante préparation en amont.

MOTIVÉ !

C'est toujours l'intendant le premier arrivé sur les lieux d'un match ! Plusieurs heures avant les joueuses et le staff, c'est lui qui prépare le vestiaire dans chaque détail.

MALIN !

En phase finale, l'intendant sort souvent du planning collectif : il quitte la délégation l'avant-veille ou la veille du reste du groupe afin de préparer au mieux les lieux du prochain rendez-vous (hôtels, stades).

Plus de **1 600** personnes qui se croisent chaque année

EN VO !

Même pendant le déroulement d'un match, l'intendant est aussi sur le qui-vive : un lacet qui lâche, un maillot déchiré et c'est là qu'il entre en jeu. Et très vite !

Nommée sélectionneure de l'Équipe de France le 30 août 2017.

Corinne Diacre

En tête

Elle a, à sa façon, toujours été une pionnière elle aussi. Pendant un temps détentrice du record des sélections chez les Bleues, elle a raccroché les crampons en 2007 mais n'a jamais tourné le dos au ballon. Ancienne adjointe du sélectionneur Bruno Bini sur le banc de la sélection tricolore entre 2007 et 2013, elle est devenue la première femme au monde à entraîner une équipe de foot professionnelle masculine. C'était au Clermont Foot 63, pendant trois saisons en Ligue 2 (131 rencontres en tout) qui auront prouvé pour de bon ses aptitudes à briller au plus haut niveau.

Capitaine puis sélectionneure de l'Équipe de France, elle met ses pas dans les pas de Didier Deschamps, avec qui elle échange régulièrement. « On sait où on veut aller, répète-t-elle souvent. L'objectif, c'est la gagne. Si j'avais peur de la pression, autant rester chez moi. Les filles ont l'habitude des gros matches. Elles jouent dans des stades pleins, ont disputé et gagné pour la plupart la Ligue des champions. La pression, il faut s'en servir pour au contraire se transcender. »

RESPECT !

En 2014, elle est devenue la première femme à obtenir son BEPF (Brevet d'Entraîneur de Football Professionnel), qui permet d'entraîner des clubs de Ligue 1 et de Ligue 2.

AH BON ?

Seule femme parmi les 20 coachs du championnat, elle a été élue meilleure entraîneure de Ligue 2 par l'hebdomadaire *France Football* à la fin de l'année 2015.

CHRONO EXPRESS

9

matches de championnat d'Europe

BIEN **DIT** !

« Les joueurs l'ont dit en 2018 à propos de leur victoire : à un moment donné, ils ont pris les choses à bras-le-corps pendant la Coupe du monde. C'était leur compétition. Aujourd'hui, les joueuses doivent parvenir à en faire autant. S'approprier, elles aussi, leur Coupe du monde. Le staff et moi sommes là pour les guider, mais ce sont elles les actrices. »
Corinne Diacre

Au milieu de ses joueuses dans le rond central. L'heure de la causerie en début d'entraînement.

MOTIVÉE !

Le 9 mars 1993, elle a fêté contre la Suède sa toute première sélection chez les Bleues à l'âge de... 18 ans !

3

matches de Coupe du monde

TROP **FORT** !

Avant de devenir sélectionneure, Corinne Diacre aura porté le maillot tricolore à 121 reprises entre mars 1993 (Suède-France 3-1) et juin 2005 (France-Allemagne 0-3).

Tournoi de Chypre (2012 et 2014), SheBelieves Cup (2017) : déjà 3 titres en Bleue.

Eugénie Le Sommer

Marquer, c'est sa vie

L'avant-centre en chef de l'Équipe de France est aussi considérée comme l'une des meilleures joueuses du monde. Passée pendant une saison par Clairefontaine (en 2005, lors de son parcours de formation), elle y revient régulièrement avec les Bleues, dont elle est la meilleure buteuse en activité mais aussi la deuxième meilleure de l'Histoire, derrière les 81 réalisations de Marinette Pichon qu'elle devrait dépasser allègrement. Son sens du but largement au-dessus de la moyenne s'accompagne également d'un très bon jeu de corps, dans la protection du ballon comme dans ses déplacements. Avec l'Olympique Lyonnais, elle collectionne les titres tant sur le plan national que sur la scène européenne. Elle est aussi la meilleure buteuse de l'histoire de l'OL, depuis qu'un triplé réussi contre Toulouse en Coupe de France en février 2018 lui a permis de dépasser les 225 buts inscrits par la Suédoise Lotta Schelin sous le maillot rhodanien. Elle joue pour gagner, elle vit pour marquer.

LA CLASSE !

Son palmarès ? 5 Ligues des champions, 8 championnats de France et 6 Coupes de France !

BIEN DIT !

« J'ai découvert le poste d'avant-centre lors de mes débuts en première division. Ce n'est qu'à partir de ce moment-là que je me suis mise à travailler devant le but. Mais au début de ma carrière, je n'évoluais pas du tout en attaque. »
Eugénie Le Sommer

CHRONO EXPRESS

EUGÉNIE CHEZ LES BLEUES

- **2004-2005** : France U17F (4 sélections)
- **2006-2008** : France U19F (26 sélections)
- **2008-2009** : France U20F (8 sélections)
- **depuis 2009** : Équipe de France A (157 sélections fin 2018, série en cours)

15 buts marqués en Ligue des champions avec Lyon lors de la saison 2017-2018 : le record dans l'épreuve sur une saison !

Ada Hegerberg

Première Ballon d'or féminin

La consécration à 23 ans... Première joueuse de l'histoire à remporter le Ballon d'or féminin, la Norvégienne de l'Olympique Lyonnais (OL) est une attaquante complète, dotée d'un sens du but rare et inné, couplé à un pied droit diabolique. Avec elle, il ne faut pas se tromper de colonne : elle a en effet l'habitude de marquer plus de buts qu'elle ne dispute de matches dans une saison ! 34 lors de sa première année à l'OL (en 32 rencontres) ou encore 54 (en 35 matches), dont 13 rien qu'en Ligue des champions, lors de la saison 2015-2016 ! La naissance d'une reine.

Arrivée à Lyon en 2014 en provenance du club allemand de Potsdam, elle s'est très vite imposée dans la Dream Team rhodanienne comme une patronne du secteur offensif aux côtés d'Eugénie Le Sommer. Elle cumule aussi 66 sélections et 38 buts avec la Norvège mais comme elle a claqué la porte en 2017, fâchée avec sa Fédération, Ada ne disputera donc pas la Coupe du monde 2019, elle qui illumine les pelouses de France avec l'OL.

BIEN DIT !

« S'il vous plaît, les filles, croyez-en vous ! » : c'est le message très inspirant qu'Ada a adressé à toutes les jeunes filles du monde, lors de la cérémonie de remise du Ballon d'or féminin.

HALLUCINANT !

Ada a débuté avec sa sélection nationale à... 16 ans ! C'était le 19 novembre 2011 face à l'Irlande du Nord. Précoce !

ZOOM

SES DISTINCTIONS INDIVIDUELLES

- **2016** élue meilleure joueuse du championnat de France
- **2016** élue meilleure joueuse d'Europe
- **2016, 2017 et 2018** meilleure buteuse de la Ligue des champions
- **2016, 2017 et 2018** meilleure buteuse du championnat de France
- **2018** Ballon d'or féminin 2018

Avec Gianni Infantino, *président de la FIFA (à gauche)*, devant le trophée de la Coupe du monde 2018.

Noël Le Graët

Le grand ordonnateur

Né un 25 décembre, ce Breton pure souche a vécu mille vies avant de devenir le président de la FFF en 2011. Entrepreneur, chef d'entreprise, homme politique, maire de Guingamp pendant deux mandats, c'est à la tête de l'En Avant de Guingamp (EAG), qui est passé sous sa présidence du niveau amateur à la Coupe d'Europe (en Coupe de l'UEFA en 1996-1997 puis en Ligue Europa en 2009-2010, après avoir remporté la Coupe de France 2009), qu'il a mis les pieds dans le monde du football, il y a déjà plus de quarante ans.

Il fut président de l'EAG à deux reprises, une première fois de 1972 à 1991, puis de 2002 à 2011. Il a quitté toutes ses fonctions au sein du club costarmoricain depuis son élection en 2011 à la tête de la FFF, où il a engagé dès le premier jour le « Plan de féminisation du football en France ». Les garçons ont cousu une deuxième étoile sur le maillot bleu en juillet 2018 (Noël Le Graët venait de vaincre une leucémie), c'est maintenant aux filles de jouer.

TROP FORT !

Il a aussi été président de la Ligue Nationale de Football (LNF, aujourd'hui LFP), qui régit le foot pro en France, de 1991 à 2000.

BIEN DIT !

« La Coupe du monde 2011 en Allemagne fut un déclic. Dès ma première semaine, j'ai fait en sorte que Brigitte [Henriques] travaille au développement du Football pour les filles au sein de la Fédération. » Noël Le Graët

ZOOM

25 décembre 1941
Naissance à Bourbriac (Côtes-du-Nord)

1er septembre 1998
Chevalier de la Légion d'Honneur

31 décembre 2018
Promu au grade d'Officier de la Légion d'Honneur (tout comme Didier Deschamps)

Elle est aussi la cheffe de délégation de l'Équipe de France féminine.

Brigitte Henriques

La porte-drapeau

La grande patronne du football féminin à la Fédération Française de Football (FFF), c'est elle. Ancienne internationale « ... à une époque où j'ai compilé un peu plus de 30 sélections en dix ans alors que maintenant, les filles ont a minima dix rendez-vous internationaux en une seule saison », elle n'a jamais vraiment quitté le monde du ballon rond. Entraîneure adjointe au Pôle France de Clairefontaine (avant qu'il ne déménage à l'INSEP), elle a aussi été manager de la section féminine du Paris Saint-Germain entre 2005 et 2009, jusqu'à ce coup de téléphone pas comme les autres de Noël Le Graët, qui lui a demandé de faire campagne à ses côtés en vue des élections à la Fédération Française de Football.

Nommée Secrétaire générale de la FFF entre juin 2011 et mars 2017, elle est devenue vice-présidente déléguée en mars 2017 et est aussi vice-présidente du LOC 2019 (Comité local d'Organisation) de la Coupe du monde 2019. Sa priorité reste le développement du football féminin.

LA CLASSE !

Avec le FCF Juvisy, Brigitte Henriques a remporté trois fois le titre de championne de France en 1994, 1996 et 1997.

RESPECT !

Parmi celles qui comptent, il faut aussi citer Marilou Duringer, première femme à avoir fait partie du Conseil Fédéral (de 1985 à 1995), qui se bat depuis plus de 50 ans pour promouvoir le foot féminin et qui est aujourd'hui présidente du FC Vendenheim (D2) en Alsace.

ZOOM

LES CLUBS DE BRIGITTE

- 1983-1992 : JSF Poissy
- 1992-1997 : FCF Juvisy
- 1997-1999 : ASJ Soyaux

1ère fois capitaine de l'Équipe de France lors de sa 48e sélection, le 1er décembre 2015 contre la Grèce (victoire des Bleues 3-0).

Amandine Henry

Capitaine Courage

Corinne Diacre a fait d'Amandine sa capitaine sur la route de la Coupe du monde 2019 et c'est tout sauf un hasard. Le milieu du terrain, devant la défense, voilà son domaine réservé. C'est là, dans le cœur du jeu, qu'elle fait régner l'ordre et la classe, sa touche personnelle et technique. Passée par le CNFE de Clairefontaine avant de rejoindre l'OL, elle s'est aussi expatriée chez les *Thorns* de Portland, aux États-Unis, le temps d'asseoir sa réputation de joueuse de classe mondiale… et de gonfler le palmarès ! Car il ne faut pas s'y tromper, Amandine est considérée comme l'une des meilleures du monde à son poste. Élue deuxième meilleure joueuse de la Coupe du monde 2015 par la FIFA, le Ballon d'argent reçu pour l'occasion est là pour le rappeler. Oui, mais 2015, c'est du passé pour cette véritable bête de compétition. Elle qui a tout gagné avec Lyon a pris à bras le corps le rôle prépondérant que lui a confié Corinne Diacre en Équipe de France. Pour elle, plus que pour les autres peut-être, est venu « le moment de briller ».

MARRANT !

Le plus dur à Portland ? « Je n'ai jamais trouvé mes pâtes Panzani au supermarché ! »

RESPECT !

Peu après son arrivée à l'OL, Amandine s'est gravement blessée à un genou et a subi une opération jamais pratiquée sur un sportif de haut niveau ! « Mon monde s'écroule. Mais il faut s'accrocher alors on tente ! Il m'a fallu du temps, de la patience. J'en ai bavé. »

ZOOM

LES TITRES D'AMANDINE

- **10** championnats de France avec l'Olympique Lyonnais (OL)
- **5** Coupes de France avec l'OL
- **4** Ligues des champions avec l'OL
- **1** championnat des État-Unis avec le Portland Thorns FC
- **1** SheBelieves Cup avec l'Équipe de France

Marta est, avec 15 réalisations, la meilleure buteuse de l'histoire de la Coupe du monde féminine.

Marta Vieira da Silva

L'étoile internationale

À la question « Quelle est la meilleure décision de votre vie ? », elle répond « jouer au football. » Elle, c'est le jeu. La star du jeu. Marta Vieira da Silva est une joueuse sans frontières. Du Brésil à la Suède, de l'Europe à l'Amérique, elle a, au rythme de ses buts, semé des petits ballons de bonheur tout au long de sa carrière. Recrutée par le club suédois d'Umea IK en 2004, elle s'est tout de suite transformée en phénomène : vainqueur de la Ligue des champions (en terrassant Francfort 8-0 en finale !) dès la première saison, puis quatre titres à la suite en championnat, Umea restera même invaincu lors de la saison 2004-2005 !

Élue à six reprises meilleure joueuse du monde par la FIFA (en 2006, 2007, 2008, 2009, 2010, 2018), celle qui a construit sa carrière entre la Suède et les États-Unis (malgré quelques bouts de chapitres au FC Santos, le club du Roi Pelé) est aussi considérée comme la meilleure joueuse de tous les temps.

BIEN DIT !

« Quand on me demande de choisir mon plus beau but, je réponds toujours la même chose : pour moi, le plus beau, c'est toujours le prochain ! » Marta

EN VO

Depuis mars 2017, la star brésilienne a pris la nationalité suédoise. « Je me sens Suédoise aussi, je suis hyper heureuse que ce soit fait maintenant. Je souhaitais vivre à long terme en Suède. »

ZOOM

LE PETIT MARTA ILLUSTRÉ

- **2004** : meilleure buteuse de la Coupe du monde de football féminin des moins de 20 ans
- **2004, 2005, 2006 et 2008** : meilleure buteuse du championnat de Suède
- **2007** : meilleure buteuse de la Coupe du monde (7 buts)
- **2009, 2010 et 2011** : meilleure buteuse du championnat des États-Unis

- **août 2014 :** devient la sélectionneure de l'Équipe de France féminine U17F
- **son bilan :** 44 matches, 23 victoires, 7 nuls, 14 défaites.

Sandrine Soubeyrand

Tout en haut de l'affiche

Il faut dire tout de suite qu'elle a disputé avec l'Équipe de France 56 matches de plus que Lilian Thuram, le recordman chez les hommes. Avec 198 sélections, elle plane là-haut, tout en haut du palmarès des joueurs et des joueuses les plus capés. Elle a dépassé maître Lilian en octobre 2009 avant d'étirer le curseur jusqu'à 198.

Pendant plus de seize ans, elle a été une actrice majeure de l'évolution des Bleues, aussi bien dans leur expression collective, sur le terrain, que dans leur expression tout court, par ses prises de parole. À travers les multiples phases finales qu'elle a disputées, elle a été en même temps le moteur et la capitaine. Elle a frôlé deux fois le podium avec les Bleues : en 2011 à la Coupe du monde en Allemagne, puis en 2012 aux jeux Olympiques de Londres, éliminée à chaque fois en demi-finale. Au pied du podium mais au Panthéon du foot féminin tricolore, elle a reçu en janvier 2013 l'insigne de Chevalier de l'ordre national du Mérite.

BIEN DIT !

Tout a changé pour elle le jour de sa deuxième sélection, en 1997 : « C'était en tournée aux États-Unis et ce fut vraiment un choc pour moi. C'est à partir de ce moment que j'ai réalisé que je voulais devenir une joueuse de haut niveau. »

LA CLASSE !

Elle a aussi participé à cinq phases finales de Championnats d'Europe : 1997, 2001, 2005, 2009 et 2013.

CHRONO EXPRESS

- **12 avril 1997** : 1ère sélection en Équipe de France Belgique-France 0-3
- **22 juillet 2013** : 198e et dernière sélection en bleu France-Danemark (1-1 ; 2-4 t.a.b.) en ¼ de finale de l'Euro
- **2018** : entraîneure du Paris FC (ex-Juvisy FCF), son ancien club

Wendie Renard

La vie XXL

Première sélection : 2 mars 2011, France-Suisse 2-0

Wendie se repère de loin, du haut de ses 1,87m. Née à La Martinique à Schoelcher (tout près de Fort-de-France, sur la côte caraïbe), elle arrive en métropole pour passer les tests de détection à Clairefontaine et rejoint finalement l'Olympique Lyonnais où, très vite, elle s'impose et en impose.

Depuis, c'est une progression constante, couplée à la trajectoire fulgurante de l'équipe de rêve de l'OL. Wendie remporte le premier titre de l'OL féminin en 2007 à 18 ans. Buteuse en finale de la Ligue des champions en 2011, elle succède à Sonia Bompastor en tant que capitaine de l'équipe rhodanienne lors de la saison 2013-2014. Chez les Bleues, elle formera longtemps, aux côtés de Laura Georges, l'une des meilleures charnières centrales du monde. Parmi les meilleures joueuses de la Coupe du monde 2015, elle est aussi nommée pour le prix *The Best* de la FIFA et fait partie des quinze finalistes du premier Ballon d'or féminin en 2018. À juste titre considérée comme l'une des meilleures défenseures de la planète foot.

LA CLASSE !

Le 2 décembre 2018, elle a dépassé Camille Abily en atteignant la barre des 327 matches sous le maillot de l'OL. Elle est la joueuse lyonnaise la plus capée.

TROP FORT !

Après 104 sélections, Wendie totalisait déjà 20 buts marqués sous le maillot bleu, ce qui la place en dixième position des meilleures buteuses de l'histoire. Pas mal pour une défenseure, et ça n'est pas fini !

ZOOM

WENDIE À LYON, C'EST :

- **5** Ligues des champions (2011, 2012, 2016, 2017, 2018)
- **12** titres de championne de France (de 2007 à 2018)
- **7** Coupes de France (2008, et de 2012 à 2017)
- **1** Mobcast Cup (officieux Mondial des clubs) (2012)

L'OL est le club le plus titré en Ligue des champions (5) et la seule équipe à l'avoir remportée 3 fois de suite (en 2016, 2017 et 2018) !

Jean-Michel Aulas « L'omniprésident »

Le président de l'Olympique Lyonnais est un véritable pionnier dans la montée en puissance des femmes dans le football. Il était déjà le président de l'OL depuis 1987 quand Paul Piemontese, ancien président du FC Lyon, et Thierry Braillard, alors adjoint aux sports de la ville de Lyon lui ont soumis l'idée : reprendre la section féminine du FC Lyon, quatre fois championne de France (en 1991, 1993, 1995 et 1998), dans le giron de l'OL.

La réflexion n'a pas duré très longtemps pour JMA qui a donné une impulsion décisive au développement de ses filles, en bousculant les conservatismes et, surtout, en collectionnant les trophées, comme l'explique Wendie Renard, l'emblématique capitaine de l'OL. « Dès la fusion avec le FC Lyon, dans sa tête, il voulait la Ligue des champions. Il s'est donné les moyens de pouvoir la gagner en recrutant chaque année les meilleures et en dotant l'équipe de structures compétitives et professionnelles. » Chez les filles, OL = Dream-Team.

LA CLASSE !

Jean-Michel Aulas traverse l'Europe pour voir jouer « ses filles ». « Et là, on dit respect, témoigne Eugénie le Sommer. Quand on a un président qui croit en nous comme ça, nous n'avons pas le droit de le décevoir. »

HALLUCINANT !

En décembre 2016, l'attaquante Alex Morgan signe à l'OL. Un coup de maître signé JMA qui a séduit la superstar américaine via… Twitter !

ZOOM

L'OL FÉMININ, C'EST :

- 12 titres de champion de France
- 7 Coupes de France
- 5 Ligues des champions

Deux fois élue meilleure joueuse de D1 en 2017 et 2018.

Dzsenifer Marozsan

Un grand nom du foot

Plaque tournante, régulateur, moteur… les formules se bousculent quand il s'agit de définir son rôle sur le terrain. Née en Hongrie, elle a grandi en Allemagne en suivant les traces de son père footballeur.

Milieu offensive, la capitaine de la *Mannschaft* (l'équipe nationale d'Allemagne) est une tête d'affiche de la D1 depuis son arrivée à l'OL, en 2016, et un grand nom du football mondial. Dans le Rhône, elle étoffe de manière presque insolente son palmarès. Avec Francfort, elle avait disputé une finale de Ligue des champions en 2012 et en avait remporté une autre, en 2015, en battant le PSG en finale. À l'OL, elle a réussi un triplé en 2017 (vainqueur de la Ligue des champions, de la D1 et de la Coupe de France) et un doublé en 2018 (C1+D1). « J'aime quand c'est compliqué, j'aime les grands matches, » assure Maro (c'est son surnom). La très respectée IFFHS (*International Federation of Football History and Statistics*), qui l'a élue pour la deuxième fois meilleure joueuse du monde en 2018 (après 2016), a bien ça en tête.

BIEN DIT !

« Je suis dans le meilleur club au monde avec les meilleures joueuses au monde. » Dzsenifer lors de sa prolongation de contrat (jusqu'en 2020) à l'OL.

DUR !

À l'été 2018, elle a été victime d'une embolie pulmonaire qui lui a gâché sa première partie de saison. Mais elle s'est battue pour revenir plus forte encore.

ZOOM

SON PALMARÈS INTERNATIONAL

- **2008** Championne d'Europe U17F
- **2013** Championne d'Europe
- **2016** Championne olympique
- **3** Ligues des champions (1 avec le FFC Francfort, 2 avec l'OL)

Deux fois élue meilleure joueuse du championnat de France (2012, 2014).

Gaëtane Thiney

L'expérience avec un grand E

L'une des joueuses les plus décisives de France. Élue meilleure joueuse de D1 lors de la saison en 2011-2012 puis en 2013-2014, quand elle termine aussi meilleure buteuse du championnat (25 buts en 22 matches) avec Juvisy (aujourd'hui Paris FC), le club de sa vie. Attaquante, milieu offensive, buteuse. Elle sait tout faire.

Plus de dix années d'Équipe de France jalonnent sa carrière. Dix ans de hauts et de maux bleus pour Gaëtane, qui a connu deux parenthèses désenchantées avec le maillot frappé du coq. Laissée au bord du chemin des jeux Olympiques de Rio en 2016, elle n'a pas non plus été retenue lors des premiers mois du mandat de Corinne Diacre. Mais elle a su trouver les ressources et elle est là, fidèle au poste. Du haut de ses 151 sélections (et de ses 58 buts), elle fait partie des cadres, la preuve : quand on épluche la feuille du match de sa première sélection, qui était aussi le premier de Bruno Bini à la tête des Bleues, elle est la seule avec Élise Bussaglia et Sarah Bouhaddi à être encore présente à l'heure de la Coupe du monde 2019. Une valeur sûre.

BIEN DIT !

« J'ai une envie décuplée de jouer au foot. Que ce soit en club ou avec l'Équipe de France, je veux profiter. Travailler au jour le jour pour être performante sans me prendre la tête. C'est dans le plaisir que j'ai tenu. »
Gaëtane Thiney

LA CLASSE !

Gaëtane est la marraine de *Team Léo du souffle pour Léonie et ses amis*, une association qui a pour but de sensibiliser le grand public à la cause des patients atteints de mucoviscidose.

CHRONO EXPRESS

- 28 octobre **1985** : naissance à Troyes, dans l'Aube
- **2003** : Championne d'Europe des moins de 19 ans
- 28 février **2007** : 1ère sélection en Équipe de France France-Chine 2-0

188 sélections en Équipe de France entre 2001 et 2018 pour Laura.

Laura Georges

Madame 100 000 volts

Née au Chesnay dans les Yvelines, Laura a démarré au PSG à 12 ans après d'interminables parties de jonglage dans le parc du Château de Versailles. Passée un an par le CNFE de Clairefontaine (le Centre National de Formation et d'Entraînement spécialisé dans le foot féminin, ouvert en 1998), elle fera aussi ses classes dans le championnat universitaire américain avec les *Boston College Eagles*. Hyperactive, elle revient en France pour poursuivre ses études à Lyon. C'est là qu'elle signe à l'OL.

Pendant six ans, elle va tout gagner avant de revenir chez elle, à Paris, en bousculant les codes dans le PSG tout fraîchement passé sous le drapeau qatari. Surnommée « Le Roc » en raison de sa fougue sur le terrain, où elle se donnait toujours à 200 %, mais aussi pour son caractère bien trempé et son franc-parler, elle défend depuis toujours haut et fort la pratique de son sport. Depuis mars 2017, Madame Laura est secrétaire générale de la FFF, où son implication est la même que balle au pied. Engagée et à fond.

AH BON ?

En janvier 2018, elle rejoint quelques mois la Bavière et le Bayern Munich. Déjà secrétaire générale de la FFF depuis plusieurs mois, elle met un terme à sa carrière le 22 mai 2018.

BIEN DIT !

« Le football féminin français n'a rien à envier aux autres, les stades sont bien remplis en France, comparés aux allemands, je l'ai vu lorsque je jouais au Bayern Munich. »

ZOOM PALMARÈS

6 championnats de France (en 2008, 2009, 2010, 2011, 2012 et 2013 avec Lyon)

2 Coupes de France (en 2008 et 2012 avec Lyon)

2 Ligues des champions (en 2011 et 2012 avec Lyon)

2 finales de Ligue des champions (en 2015 et 2017 avec le PSG)

- **112** sélections et 81 buts en Équipe de France pour Marinette Pichon
- **a disputé** 1 phase finale de Coupe du monde en 2003 et 3 Championnats d'Europe en 1997, 2003 et 2005.

Marinette Pichon

L'icône

La première star chez les filles. Avec son bandeau dans les cheveux, le numéro 9 collé sur le short et dans le dos, Marinette portait l'équipe, pesait sur les défenses adverses et marquait.

Des buts ? Elle en a planté à la pelle, 81 très exactement avec l'Équipe de France, dont elle est la meilleure buteuse de l'histoire, hommes et femmes confondus (Thierry Henry, le recordman chez les garçons, pointe à 51 réalisations). Seule Eugénie Le Sommer, son héritière chez les Bleues, est en mesure de lui chiper son trône. Au cœur des années 1990 et 2000, elle a été un leader et un exemple à suivre aussi, puisqu'elle est devenue en 2002 la toute première joueuse française à tenter sa chance dans la Ligue américaine, le championnat américain le plus relevé du monde à l'époque chez les féminines ! D'abord aux *Philadelphie Chargers* puis aux *Wildcats* du New Jersey, avec qui elle a remporté le titre de la Conférence Est. Elle n'a « jamais rien lâché », comme le rappelle le titre de son autobiographie parue en 2018.

LA CLASSE !

En 2003, elle est reconnue comme la meilleure joueuse de la WUSA (*Women's United Soccer Organisation*), la ligue professionnelle américaine.

QUEL TALENT !

Très engagée dans la promotion du sport féminin, elle est consultante pour France Télévisions depuis 2011, et la voix du foot féminin sur les chaînes du service public (aux JO de Rio 2016, à l'Euro 2017 notamment...)

ZOOM EN CHIFFRES

- **3** matches de Coupe du monde
- **9** matches de Championnat d'Europe
- **35** buts marqués en championnat de France en 2005 : record sur une saison !
- **112** sélections

135 sélections (série en cours) : dans le Top 10 des Bleues les plus capées.

Sarah Bouhaddi

Une lionne dans les cages

Passée par le CNFE Clairefontaine pendant deux ans de 2003 à 2005, elle fait partie de ce que Brigitte Henriques appelle « la génération dorée » du football féminin en France. Avec, pour elle, un accessoire en plus au moment de pénétrer sur la pelouse : sa paire de gants. Gardienne de but, un poste à part, mais un rôle primordial : « Il y a beaucoup de choses importantes à réunir pour être une bonne gardienne, résume-t-elle. Quand on est en compétition, il faut être efficace et très concentrée. Le moindre geste compte. C'est un poste où l'on n'a pas le droit à l'erreur. »

Passée par Toulouse et Juvisy, c'est à Lyon, où elle est arrivée en 2009, qu'elle s'impose pour de bon comme la numéro un des gardiennes françaises. Comme en finale de la Ligue des champions 2016, quand elle a sorti deux tirs au buts face à Wolfsbourg. Considérée comme l'une des meilleures du monde à son poste, elle rêve d'accrocher enfin un trophée avec l'Équipe de France.

TROP FORT !

En 2017, c'est elle qui inscrit le tir au but de la victoire contre le PSG en finale de la Ligue des champions !

HALLUCINANT !

En 2016, en 2017 et en 2018, Sarah a été élue trois fois de suite meilleure gardienne du monde par l'IFFHS (*International Federation of Football History and Statistics*) ! À suivre...

ZOOM

SARAH CHEZ LES BLEUES

1ère sélection le 21/02/2004 France-Écosse 6-3

10 matches aux jeux Olympiques (en 2012 et 2016)

13 matches au Championnat d'Europe (en 2005, 2009, 2013, 2017)

5 matches à la Coupe du monde (en 2015)

Aimé Mignot et Philippe Bergerôo

Tous les sélectionneurs des Bleues

Depuis ce 17 avril 1971, jour de France-Pays-Bas à Hazebrouck (victoire 4-0 des Tricolores), le tout premier match officiellement reconnu par la FFF, huit personnes se sont succédées au poste de sélectionneur des Bleues. L'Équipe de France féminine a tout d'abord été conduite par Pierre Geoffroy, qui était en même temps l'entraîneur des filles de Reims, pendant sept saisons.

Francis-Pierre Coché a pris la suite jusqu'en mai 1987 avant Aimé Mignot, qui restera pendant 10 ans lui aussi et mènera les Bleues à leur première phase finale : le championnat d'Europe en 1997. Élisabeth Loisel arrive ensuite. C'est sous ses ordres que les Bleues découvriront pour la première fois la Coupe du monde. Bruno Bini conduira les filles à Londres pour leurs premiers jeux Olympiques, où elles termineront au pied du podium. Philippe Bergerôo et Olivier Echouafni viennent ensuite, avant l'arrivée de Corinne Diacre, qui est la huitième sélectionneure de l'histoire de l'Équipe de France féminine, et qui complète donc le grand huit des Bleues.

RESPECT !

Entre 2007 et 2013, Corinne Diacre était déjà l'adjointe de Bruno Bini, alors sélectionneur des Bleues, sur le banc de l'Équipe de France.

TROP FORT !

Le 17 avril 1971, France-Pays-Bas (victoire des Bleues 4-0) est non seulement le premier match officiel de l'Équipe de France féminine mais aussi le tout premier match international féminin reconnu par la FIFA.

ZOOM

LA TOP 8 DES SÉLECTIONNEURS EN CHIFFRES

Pierre Geoffroy (décédé en 1994)
17 matches (de 1971 à 1978)

Francis-Pierre Coché (décédé en 2010)
35 matches (de juillet 1978 à mai 1987)

Aimé Mignot
79 matches (de juin 1987 à juillet 1997)

Élisabeth Loisel
114 matches (de août 1997 à janvier 2007)

Bruno Bini
98 matches (de février 2007 à juillet 2013)

Bruno Bini

HALLUCINANT !

Connaissez-vous le score de la plus large victoire de l'Équipe de France féminine ? Les filles ont gagné par deux fois un match international sur le score fleuve de... 14-0 ! Contre l'Algérie le 14 mai 1998 et face à la Bulgarie le 28 novembre 2013.

LE DÉTAIL QUI TUE

Avant la Coupe du monde 2019 et tous les espoirs qu'elle suscitait, l'Équipe de France présentait déjà un bilan flatteur sur la scène internationale : 6 phases finales de championnat d'Europe, 3 phases finales de Coupe du monde et 2 Olympiades.

Élisabeth Loisel (*en blanc*) est la sélectionneure qui a disputé le plus de matches à la tête de l'Équipe de France féminine.

Philippe Bergerôo
55 matches
(de juillet 2013 à août 2016)

Olivier Echouafni
15 matches
(de septembre 2016 à août 2017)

Corinne Diacre
depuis septembre 2017

BIEN DIT !

« Corinne Diacre est la personne idéale pour atteindre nos objectifs. J'ai une confiance totale en elle. La Coupe du monde en France est un événement très important pour nous car elle se joue à domicile, il faudra sans doute attendre au moins 50 ans pour l'avoir à nouveau. » Noël Le Graët

La joie des Bleuettes à l'issue de la séance des tirs au but.

Le premier titre mondial chez les filles

Mondial U17F en 2012

2012 en Azerbaïdjan : les jeunes pousses de Guy Ferrier, l'Équipe de France des moins de 17 ans, décrochent le premier titre mondial d'une équipe française féminine dans une compétition majeure. Pourtant tombées dans le groupe le plus difficile avec la Corée du Nord (vainqueur de la première édition en 2008 et 4e en 2010) et les États-Unis, les p'tites Bleuettes vont réussir l'exploit. « L'équipe a montré une certaine maturité. Avec la qualité de jeu que les filles ont produite tout au long de la compétition, je pense que l'on a montré une belle image de la France et de notre football », se souvient Guy Ferrier, le sélectionneur.

Une récompense bien méritée pour une équipe passée tout près du sacre à plusieurs reprises (voir le zoom) ; et un acte de naissance aussi, pour une génération de joueuses dont la plupart fait aujourd'hui non seulement partie des équipes phares en D1 mais aussi de la bande à Corinne Diacre en Équipe de France A, comme Aissatou Tounkara, Griedge Mbock Bathy, Kadidiatou Diani, Sandie Toletti ou Delphine Cascarino. Graines de championnes.

BIEN DIT !

« Les filles ont fait des efforts énormes dans l'entraînement invisible. Elles ont mis ce degré supplémentaire dans la préparation, ont amené par elles-mêmes cette rigueur. Elles avaient ce projet fou d'aller jusqu'au bout. » Guy Ferrier, *sélectionneur des U17F championnes du monde 2012*

LA CLASSE !

Griedge Mbock Bathy a reçu le Ballon d'or FIFA au terme de la finale, récompensant la meilleure joueuse de la compétition.

ZOOM

L'ÉQUIPE DE FRANCE U17 EN COMPÉTITION MAJEURE

- 3e du championnat d'Europe 2009
- Vice-championne d'Europe 2008, 2011, 2012

L'instant magique, toutes massées sur le podium. Championnes du monde !

TROP FORT !

En plus de Griedge Mbock Bathy, Romane Bruneau a reçu le Gant d'or qui couronne la meilleure gardienne du tournoi !

QUEL **TALENT** !

En plus du titre, les Françaises ont aussi réussi le « carton » du tournoi : une victoire fleuve 10-2 contre la Gambie !

MOTIVÉES !

En finale, les Bleues ont vaincu la Corée du Nord à la fin des tirs au but : score final : 1-1, 7 tirs au but à 6. Championnes du monde !

Championne du monde 2012

3e du championnat du monde 2014

Depuis 2017, les filles sont coachées par Reynald Pedros.

Lyon, la machine à gagner

La Dream-Team OL

C'est une domination sans partage, et les chiffres donnent le vertige ! Depuis plus de dix ans, les joueuses de l'OL écrasent tout sur leur passage. Elles collectionnent les titres (12 fois championnes de France consécutivement depuis 2007...) sur le plan national comme sur la scène européenne. Elles gagnent, cartonnent souvent leurs adversaires, se renouvellent sans cesse.

Il faut ici tirer un grand coup de chapeau à Jean-Michel Aulas, qui a été un visionnaire ambitieux en 2004 quand il a lancé la machine en rattachant le FC Lyon féminin à la structure OL. Depuis ? Les titres pleuvent et les chiffres sont incroyables : sur leurs 12 sacres en D1, 3 l'ont été avec 100 % de victoires. En 2012, elles n'ont encaissé que 3 buts en championnat. En 2015, elles en ont marqué 147... si l'on excepte les séances de tirs au but, l'équipe est aussi restée invaincue pendant... 122 matches toutes compétitions confondues entre mars 2010 mai 2013 ! Hallucinant, vraiment ! « Pour moi, c'est un privilège d'entraîner cette équipe », résume son coach Reynald Pedros.

BIEN DIT !

« Tant que Jean-Michel Aulas sera à la tête du club, l'OL restera la référence dans le foot féminin. » Sonia Bompastor, qui a remporté les deux premières C1 du club et qui dirige aujourd'hui la section féminine du centre de formation.

LE DÉTAIL QUI TUE

Si vous avez envie d'aller voir jouer les filles de l'OL en D1 : les matches se disputent au Groupama OL Training Centre.

ZOOM PALMARÈS DE LA LIGUE DES CHAMPIONS FÉMININES

5 victoires
Olympique Lyonnais

4 victoires
FFC Francfort (All.)

Des internationales à chaque poste et la première ballon d'or féminin de l'Histoire, Ada Heberberg : une équipe de rêve.

RESPECT !

Avec leur victoire en 2018 face au VfL Wolfsbourg, les Lyonnaises sont devenues le premier club à remporter 5 fois la Ligue des champions chez les féminines.

LA CLASSE !

Lors de l'édition 2016-2017, la finale de la Ligue des champions a opposé pour la première fois deux équipes françaises : Lyon-PSG (0-0, victoire 7 tirs au but à 6 des Lyonnaises).

TROP FORT !

En 2017-2018, l'OL chez les filles présentait 8 joueuses en sélections nationales, 12 joueuses en sélection régionale, 4 joueuses au Pôle France et 3 joueuses au Pôle Espoirs de Vaulx-en-Velin.

2 victoires

Umea IK (Suè.)
FFC Turbine Potsdam (All.)
VfL Wolfsbourg (All.)

1 victoire

Arsenal LFC (Ang.)
FCR Duisbourg (All.)

Reprise de volée acrobatique d'Eugénie Le Sommer.

À un souffle de la médaille

Jeux Olympiques de Londres 2012

Les jeux Olympiques... Une grande première pour les Bleues en 2012 avec, en plus, un sacré bizutage au programme. Pour le tout premier match de son histoire aux JO, l'Équipe de France se retrouve en effet face aux meilleures sur la planète foot : les États-Unis, championnes olympiques en titre ! Et dire que, pendant quelques minutes, les filles vont rêver éveillées...

Pendant un quart d'heure, en fait. Le temps pour Gaëtane Thiney de tromper Hope Solo, la meilleure gardienne du monde, avant que Marie-Laure Delie ne corse l'addition deux minutes plus tard ! Admirables, les joueuses de Bruno Bini finiront pourtant par lâcher face à l'armada US. Une défaite (4-2) pour démarrer, mais le socle d'une aventure qui commence. Deuxièmes de leur poule, elles se hissent jusqu'en demi-finale. Éliminées par le Japon (2-1) malgré un très bon match, elles s'inclinent finalement dans les ultimes secondes face au Canada lors du match pour la médaille de bronze (1-0). Terrible pour les Bleues qui, avec 17 matches sans défaite, affichaient la plus grosse série d'invincibilité de toutes les nations engagées au début du tournoi. Frustrées, mais des souvenirs plein la tête !

DUR !

Menées 2-0 par le Japon lors de la demi-finale, les Bleues reviennent au score grâce à Eugénie Le Sommer et obtiennent un pénalty à dix minutes de la fin, mais... Élise Bussaglia le manque, et le score en reste là !

LE DÉTAIL QUI TUE

C'est contre la Corée du Nord que la France obtient sa toute première victoire aux JO, lors du deuxième match. Un carton plein pour les Bleues : 5-0 et cinq buteuses différentes : Georges, Thomis, Delie, Renard et Catala.

ZOOM

LES 6 MATCHS DES BLEUES AUX JO 2012

1er tour
25 juillet, à Glasgow (Hampden Park)
États-Unis-France 4-2

1er tour
28 juillet, à Glasgow (Hampden Park)
France-Corée du Nord 5-0

1er tour
31 juillet, à Newcastle (Saint James Park)
France-Colombie 1-0

Toute la détresse de Gaëtane Thiney au coup de sifflet final. Ce sont les Japonaises qui filent en finale !

LA **CLASSE !**

Malgré leur élimination en demi-finale, les filles de Bruno Bini ont affiché un niveau de jeu très élevé pendant le tournoi et un bilan comptable positif : 11 buts marqués, 8 encaissés.

QUEL **TALENT !**

Pour le premier quart de finale olympique de son histoire, l'Équipe de France s'impose face à la Suède (2-1) grâce à deux buts venus de... sa défense centrale : Wendie Renard et Laura Georges !

BIEN **DIT !**

« Notre premier objectif, c'est les quarts de finale. Ensuite, on verra, on peut très vite devenir soit des héros, soit des zéros mais, c'est vrai, nous espérons aller chercher une médaille. »
Bruno Bini, *le sélectionneur, avant le début des JO*

de finale

3 août, à Glasgow (Hampden Park)

Suède-France 1-2

½ finale

6 août, à Londres (Wembley)

France-Japon 1-2

3e place

9 août, à Coventry (City of Coventry Stadium)

Canada-France 1-0

Marie-Antoinette Katoto, meilleure buteuse de l'Euro U19F et grand espoir du foot mondial féminin.

Les U19F, reines d'Europe

Championnats d'Europe U19F

Parmi les sélections féminines de jeunes, la catégorie des U19F remporte assurément la palme. Celles qui sont les premiers symboles de l'expertise et de l'excellence développées dans les Pôles Espoirs (qui les forment, rappelons-le, pendant trois saisons, quand elles sont âgées de 15 à 18 ans) ont déjà remporté deux fois le titre européen depuis le lancement du plan fédéral de féminisation du football (en 2011) et quatre fois au total ! Reines d'Europe ! En 2016, cela a été un sacré clin d'oeil en forme de doublé : en effet, elles ont remporté le titre une semaine seulement après le sacre de leurs homologues chez les garçons, les Bleuets U19F emmenés alors par un certain Kylian Mbappé !

Depuis que l'UEFA a créé le championnat d'Europe féminin des moins de 19 ans (en 1998), l'Équipe de France a inscrit quatre fois son nom au palmarès (2003, 2010, 2013, 2016) tout en se hissant cinq fois en finale (la dernière en 2017, défaite 3-2 contre l'Espagne) et à quatre autres reprises dans le dernier carré. Seule l'Allemagne fait mieux avec 6 victoires. Parmi les (très) grandes, les Bleuettes !

AH BON ?

Parmi tous les titres remportés par les Équipes de France féminines, il faut aussi noter celui de l'Équipe de France militaire : championne du monde en 2016 !

TROP FORT !

L'Équipe de France universitaire est elle aussi championne du monde. En Corée du Sud le 12 juillet 2015, les joueuses de Jean-François Niemezcki ont battu la Russie 2-0 en finale… dix-sept ans jour pour jour après le sacre des Bleus en 1998 !

ZOOM

LES 3 FRANÇAISES ÉLUES **MEILLEURES JOUEUSES** À L'EURO U19F

2002 Claire Morel

2007 Maire-Laure Delie

Gilles Eyquem (le sélectionneur, en blanc) au milieu de ses reines : les U19F championnes d'Europe 2016 !

LA **CLASSE** !

L'attaquante Marie-Antoinette Katoto, avec 6 buts à son compteur, a terminé meilleure buteuse de l'Euro U19F en 2016.

HALLUCINANT !

La finale de l'Euro 2016 en Slovaquie entre la France et l'Espagne a été interrompue plus de deux heures ! Un véritable déluge s'est abattu sur la ville de Senec et la seconde mi-temps a souvent ressemblé à du water-polo !

BIEN **DIT** !

« Mon objectif principal est de fournir des joueuses de haut niveau à l'Équipe de France A, plus que de remporter des titres. Mais l'un ne va pas sans l'autre. Ne nous endormons pas sur nos lauriers, car les autres pays travaillent bien. » Gilles Eyquem, *sélectionneur national*

2016

Marie-Antoinette Katoto

En tout, 32 matches se sont disputés sur les pelouses de Bretagne.

Répétition générale !

Coupe du monde U20F en 2018

Bien sûr, les joueuses de Gilles Eyquem en rêvaient… et leur défaite cruelle en demi-finale contre l'Espagne (fin du match en supériorité numérique, Marie-Antoinette Katoto a manqué un pénalty) a gâché leur été. Il n'empêche, cette neuvième édition de la Coupe du monde féminine U20F, qui était tout autant une répétition générale qu'un test grandeur nature aux yeux de la FFF, un an avant la Coupe du monde 2019, a dépassé les espérances.

Le rapport du TSG (Groupe d'Étude Technique) de la FIFA le montre : « Nous constatons de nets progrès, tant sur le plan technique que tactique et physique. » Une réussite totale qui a fait dire, aussi, au président de la FIFA, Gianni Infantino : « Nous sommes prêts à emmener le football féminin au niveau supérieur. La discipline sera continuellement intégrée dans les activités de la FIFA. » Brigitte Henriques, vice-présidente déléguée de la FFF, conclut : « Aujourd'hui, les barrières culturelles sont tombées et les filles peuvent jouer au foot partout en France. C'est une très grande victoire. » Et encore une étape franchie…

BIEN DIT !

« Quand j'ai rejoint la FIFA il y a deux ans, le personnel féminin s'élevait à 32 %. Aujourd'hui nous sommes presque aussi nombreuses que les hommes. Le train est en marche. Il est temps de monter à bord ! » Fatma Samoura, *secrétaire générale de la FIFA*, en marge de la compétition.

RESPECT !

Éliminées en demi-finale, les Tricolores s'étaient tout de même hissées en finale de l'épreuve en 2016 et avaient terminé 3èmes en 2014 !

ZOOM

LES 4 STADES DE LA COUPE DU MONDE U20 EN BRETAGNE

Stade de la Rabine
à Vannes

Stade Marville
à Saint-Malo

La joie des Bleues en blanc lors de leur victoire inaugurale (4-1) contre le Ghana.

LA **CLASSE !**

À la surprise générale, c'est l'équipe du Japon qui a remporté l'épreuve en battant l'Espagne en finale (3-1).

SÉQUENCE **ÉMOTION**

Le malheur des Bleuettes, éliminées en demi-finale, a permis à l'arbitre française Stéphanie Frappart d'être désignée pour la finale.

QUEL **TALENT !**

« On a assisté à une compétition de très bon niveau. Les filles font des progrès dans tous les pays du monde. On sent que l'Asie va arriver, l'Angleterre devient très performante. Il n'y a plus de petites équipes. »
Noël Le Graët, *président de la FFF*

Stade du Clos-Gastel
à Dinan/Léhon

Stade Guy-Piriou
à Concarneau

Ettie, la mascotte officielle de la Coupe du monde 2019.

BIEN DIT !

« J'espère que cette Coupe du monde organisée chez nous va ancrer pour de bon le foot féminin dans le cœur des Français. » Laura Georges, 188 sélections en Équipe de France entre 2001 et 2018 (dont 14 matches de Coupe du monde), aujourd'hui *secrétaire générale de la FFF*

LA CLASSE !

Lors de l'édition 2011, Gaëtane Thiney est devenue la première Française à inscrire un doublé dans un match de Coupe du monde lors de la victoire (4-0) contre le Canada.

« Le moment de briller* »

Coupe du monde 2019

C'est la France qui accueille la Coupe du monde 2019 ! « Avec l'organisation de la Coupe du monde, nous espérons offrir un bel exemple de ce qu'il peut arriver dans un pays où, il y a encore dix ans, personne ne s'intéressait ni ne croyait au football féminin. Un pays où, pour une fille, il était très difficile d'intégrer un club. » Les mots de Brigitte Henriques, vice-présidente déléguée de la FFF, avaient depuis longtemps donné le ton, en amont.

Ceux de Corinne Diacre, à l'annonce du tirage au sort, ont montré la voie. « Quand on voit les 23 autres équipes, je ne m'attendais pas à autre chose qu'un groupe relevé. La Corée du Sud est une équipe costaude, les équipes asiatiques sont toujours difficiles à manoeuvrer et la Norvège s'est qualifiée brillamment. L'idée est de finir premières et d'aller le plus loin possible. » Pour, au bout, soulever un trophée de 4,6 kg et 47 centimètres de hauteur, conçu par le designer libanais William Sawaya, et graver le nom d'une cinquième nation dessus, aux côtés des États-Unis, de l'Allemagne, de la Norvège et du Japon. Parce que, c'est bien connu : « Impossible n'est pas Française » !

* ***Dare to shine***, c'est la devise de la Coupe du monde 2019

ZOOM

LA COUPE DU MONDE 2019, C'EST :

24 équipes
réparties en 6 poules de 4

52 matches
du 7 juin au 7 juillet

France-Corée du Sud
le match d'ouverture
au Parc des Princes le 7 juin

Noël Le Graët, *président de la FFF*, lance avec Saraï Bareman, de la FIFA, Laura Georges, Brigitte Henriques et Gianni Infantino, *président de la FIFA*, l'ouverture de la billetterie.

TROP FORT !

Quatre nations ont réussi un sans faute lors des qualifications pour la Coupe du monde 2019 : l'Espagne (8 victoires), le Brésil (7 victoires), la Nouvelle-Zélande (5 victoires) et les États-Unis (5 victoires).

HALLUCINANT !

1019, c'est le total cumulé des sélections des légendes qui ont participé au tirage au sort, en décembre 2018 à la Seine Musicale : Carli Lloyd (265), Aya Miyama (162), Cindy Parlow Cone (158), Alex Scott (140), Steffi Jones (111), Didier Deschamps (103), Kaka (92), Michael Essien (58) et Louis Saha (20).

LE **DÉTAIL** QUI TUE

La Commission des arbitres de la FIFA a sélectionné 27 arbitres (dont la Française Stéphanie Frappart) et 48 assistantes (dont la Française Manuela Nicolosi), issues de 42 pays différents.

le Groupama Stadium de Lyon
qui accueille les demi-finales et la finale le 7 juillet

9 villes hôtesses
Grenoble, Le Havre, Lyon, Montpellier, Nice, Paris, Reims, Rennes, Valenciennes

Le Mémo foot

Voici le tableau des catégories du football en fonction des âges et des dimensions du terrain et du ballon. Nous avons pris ici pour exemple la saison 2018-2019.

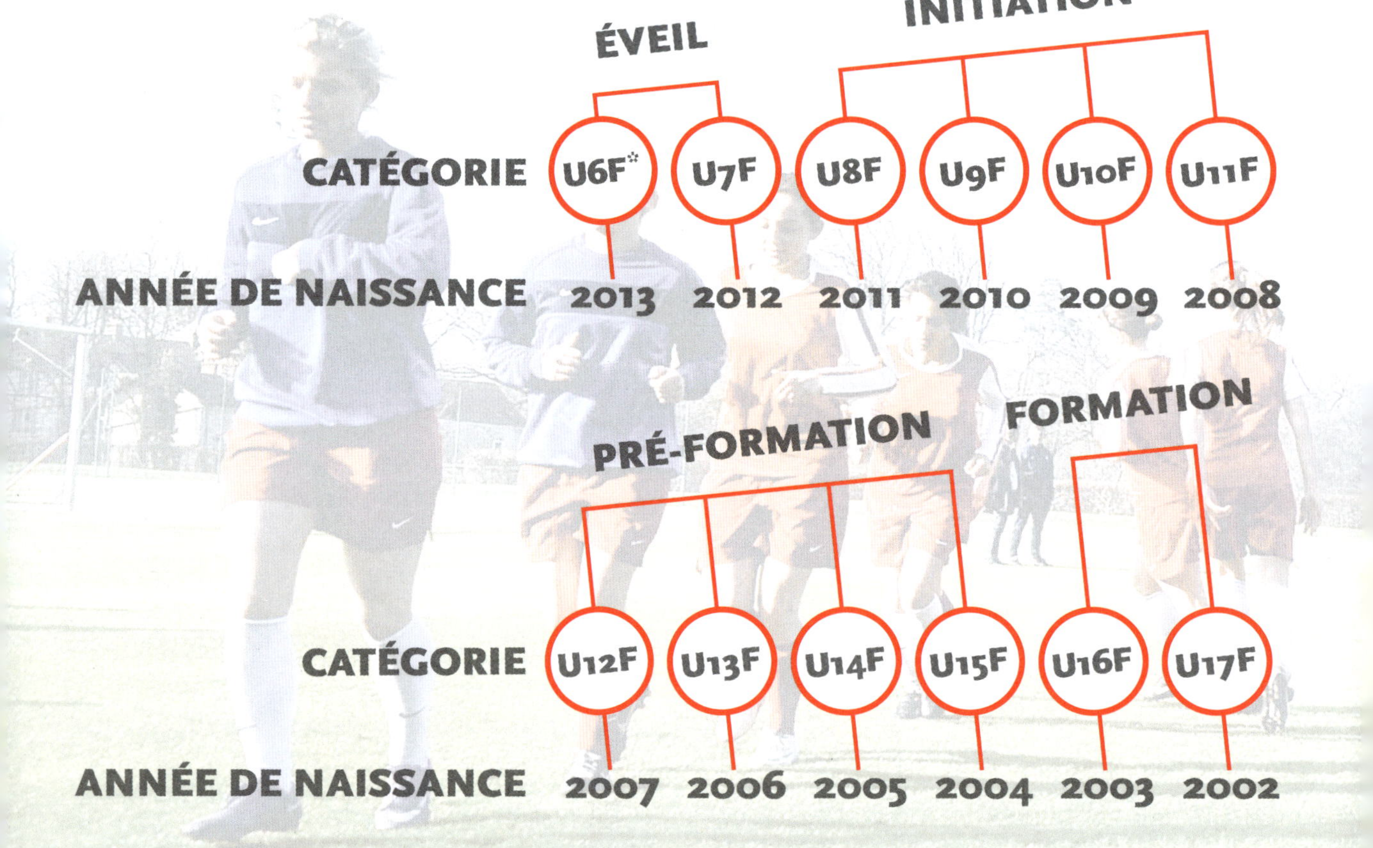

	ÉVEIL		INITIATION			
CATÉGORIE	U6F*	U7F	U8F	U9F	U10F	U11F
ANNÉE DE NAISSANCE	2013	2012	2011	2010	2009	2008

	PRÉ-FORMATION				FORMATION	
CATÉGORIE	U12F	U13F	U14F	U15F	U16F	U17F
ANNÉE DE NAISSANCE	2007	2006	2005	2004	2003	2002

* **U** : de l'anglais « Under », moins de. Exemple : U6F = les filles de moins de 6 ans.

U6F et U7F
(U8F Féminines autorisées en mixité)

3 contre 3 sans gardien de but ou bien
4 contre 4 ou 5 contre 5 avec gardien de but

Taille du ballon : 3 (ou 4)

Dimensions du terrain :
– Longueur 25 m si Foot à 3 ; 30 m si Foot à 4 ou à 5
– Largeur : 15 m si Foot à 3 ; 20 m si Foot à 4 ou à 5

But :
– Longueur : 2 à 4 m (si gardien ou pas)
– Hauteur : 1,5 m

U8F et U9F
(U10F Féminines autorisées en mixité)

5 contre 5

Taille du ballon : 3 (ou 4)

Dimensions du terrain :
– Longueur : 35 à 40 m
– Largeur : 25 à 30 m

But :
– Longueur : 2 à 4 m (si gardien ou pas)
– Hauteur : 1,5 m

U10F et U11F
(U12F Féminines autorisées en mixité)

8 contre 8

Taille du ballon : 4

Dimensions du terrain :
½ terrain de foot à 11

But :
– Longueur : 6 m
– Hauteur : 2,10 m

U12F et U13F
(U14F Féminines autorisées en mixité)

8 contre 8

Taille du ballon : 4

Dimensions du terrain :
½ terrain de foot à 11

But :
– Longueur : 6 m
– Hauteur : 2,10 m

À partir de U14F

ballon, buts et terrain
aux dimensions normales
« seniors »

L'Éditeur remercie tout particulièrement de leur aide précieuse :
Noël Le Graët *(président de la FFF)*, **Brigitte Henriques** *(vice-présidente déléguée de la FFF)*
Corinne Diacre *(sélectionneure nationale de l'Équipe de France féminine)*
Jérôme Millagou *(attaché de presse de l'Équipe de France féminine)*
La médiathèque FFF **(Nicolas Hernandez)**
Alexandre Chamoret *(directeur de la communication FFF)*
Philippe Mayen *(responsable adjoint de la rédaction FFF)*
Guillaume Naslin *(Délégué général du Fondaction du Football)*
Cédric Blanc *(merchandising FFF)*

Crédits photographiques :
g = sur la page de gauche **d** = sur la page de droite **m** = milieu
Photo de Couverture : Les Bleues Kadidiatou Diani, Wendie Renard, Amel Majri, Marion Torrent, Amandine Henry, Aïssatou Tounkara, Delphine Cascarino, lors du match amical France-Brésil (novembre 2018) © Christophe Simon / AFP.
Sommaire : entraînement des Bleues © FFF.
pp 4-5 g Brigitte Henriques et Laura Georges © gettyimages / Pascal Le Segretain-FIFA ; **d** Brigitte Henriques © DR. **pp 6-7 g** Brigitte Henriques joueuse © DR ; **d** Brigitte Henriques entraîneuse © DR. **pp 8-9 g** Gianni Infantino, Brigitte Henriques, et Noël Le Graët *(de gauche à droite)* © LOC 2019 / FFF ; **d** La semaine du football féminin © DR. **pp 10-11 g** Le foot dès 6 ans © DR ; **d** Jeunes licenciées © DR. **pp 12-13 g** Femina Paris 1920 © PRESSES-SPORTS ; **d** Joueuses 1923 © PRESSES-SPORTS. **pp 14-15 g** Pierre Geoffroy et ses Pierrettes © thevintagefootballclub DR ; **d** Pionnières de Reims © collection privée de Ghislaine Royer-Souef. **pp 16-17 g** Jeunes des Écoles féminines de football © DR ; **d** Mesdames, franchissez la barrière © DR. **pp 18-19 g** UNSS © Bastien Lhéritier / FFF ; **d** Équipe UNSS de Saint-Brieuc © DR. **pp 20-21 g** Crampons © Aurélien Durand / FFF ; **d** Tenues des joueuses UNSS © Bastien Lhéritier/FFF. **pp 22-23 g** Arbitre © Archives FFF ; **d** Footing des Bleues © Antonio Mesa / FFF. **pp 24-25 g** Les Pôles Espoirs © Archives FFF ; **d** Ligue de Champagne-Ardenne © Archives FFF. **pp 26-27 g** Cours de mathématiques © Antonio Mesa / FFF ; **d** Match à l'INSEP © Antonio Mesa / FFF. **pp 28-29 g** Joueuse En Avant de Guingamp © Philippe Le Brech / APL / FFF ; **d** Les filles du PSG © Philippe Le Brech / APL / FFF. **pp 30-31 g** Château de Clairefontaine © Archives FFF ; **d** Les Bleues à Clairefontaine © Antonio Mesa / FFF. **pp 32-33 g** Arrivée au château © PRESSES-SPORTS ; **d** Repas au château © Antonio Mesa / FFF. **pp 34-35 g** Eugénie Le Sommer et Amandine Henry © Antonio Mesa / FFF ; **d** Corinne Diacre et ses joueuses © Antonio Mesa / FFF. **pp 36-37 g** Wendie Renard © Antonio Mesa / FFF ; **d** Les Bleues à vélo © Antonio Mesa / FFF. **pp 38-39 g** Entraînement des gardiennes © Antonio Mesa / FFF ; **d** Entraînement des Bleues © Antonio Mesa / FFF. **pp 40-41 g** Centre médical © Archives FFF ; **d** Rééducation © FFF. **pp 42-43 g** Cameraman © Pierre Bougeois / FFF ; **d** Thierry Marszalek et Éric Dubray © Guillaume Bigot / FFF. **pp 44-45 g** Les Bleues dans le bus © Sindy Thomas / FFF ; **d** Wendie Renard et ses jeunes supportrices © Félix Golesi / FFF. **pp 46-47 g** L'intendance © Antonio Mesa / FFF ; **d** Matériel au stade © Antonio Mesa / FFF. **pp 48-49 g** Corinne Diacre © Antonio Mesa / FFF ; **d** Corinne Diacre et ses joueuses © Antonio Mesa / FFF. **pp 50-51 g** Eugénie Le Sommer © Antonio Mesa / FFF ; **d** Ada Hegerberg © Franck Fife / AFP. **pp 52-53 g** Noël Le Graët et Gianni Infantino © LOC 2019 / FFF ; **d** Brigitte Henriques © DR. **pp 54-55 g** Amandine Henry © Antonio Mesa / FFF ; **d** Marta Vieira da Silva © AFP / Daniel Roland. **pp 56-57 g** Sandrine Soubeyrand © PRESSES-SPORTS ; **d** Wendie Renard © Antonio Mesa / FFF. **pp 58-59 g** Jean-Michel Aulas © Bastien Lhéritier / FFF ; **d** Dzsenifer Marozsan © Philippe Le Brech / APL / FFF. **pp 60-61 g** Gaëtane Thiney © Antonio Mesa / FFF ; **d** Laura Georges © Aurélien Durand / FFF. **pp 62-63 g** Marinette Pichon © AFP / Tim Sloane ; **d** Sarah Bouhaddi © Antonio Mesa / FFF. **pp 64-65 g** Aimé Mignot et Philippe Bergeroo © Antonio Mesa / FFF ; **m** Bruno Bini © DR ; **d** Élisabeth Loisel et ses joueuses © CHLOE GODEFROY / AFP. **pp 66-67 g** Mondial U17F 2012 © Aurélien Durand / FFF ; **d** Victoire Mondial U17F 2012 © Aurélien Durand / FFF. **pp 68-69 g** L'équipe de Lyon © Philippe Le Brech/APL/FFF ; **d** L'équipe de Lyon avant match © Philippe Le Brech / APL / FFF. **pp 70-71 g** Eugénie Le Sommer et les Japonaises aux JO de Londres 2012 © gettyimages / Visionhaus ; **d** Gaëtane Thiney et les Japonaises victorieuses aux JO de Londres 2012 © gettyimages / Joern Pollex-FIFA. **pp 72-73 g** Marie-Antoinette Katoto © SPORTSFILE / Roman FERSTL ; **d** Les U189F championnes d'Europe 2016 © DR. **pp 74-75 g** Coupe du Monde U20F en 2018, concertation entre joueuses © FFF ? ; **d** La joie des Bleues © Bastien Lhéritier / FFF. **pp 76-77 g** Ettie, mascotte officielle © Simon Morcel / FFF ; **d** FIFA tickets © Archives FFF. **pp 78-79** Entraînement des Bleues © DR. **gardes de début** Jeunes joueuses © DR. **gardes de fin** Entraînement des Bleues © Antonio Mesa / FFF.

Direction éditoriale : Véronique Herbold
Maquette : Alice Nussbaum

ISBN : 978-2-09-259055-3 / N° éditeur : 10260186 / Dépôt légal : mai 2019
Achevé d'imprimer en octobre 2019 par Estimprim – 25110 Autechaux, France

Loi n°49-956 du 16 juillet 1949 sur les publications destinées à la jeunesse, modifiée par la loi n°2011-525 du 17 mai 2011.
www.nathan.fr www.fff.fr